사계절 깊은 맛 장아찌&피클

김정숙 지음

아카데미북

사계절 깊은 맛 **장아찌&피클**

초판 1쇄 발행 2016년 6월 15일
초판 4쇄 발행 2019년 3월 15일

지은이 김정숙
펴낸이 양동현
펴낸곳 아카데미북
　　　출판등록 제13-493호
　　　주소 02832, 서울 성북구 동소문로13가길 27
　　　전화 02) 927-2345 팩스 02) 927-3199

ISBN 978-89-5681-164-2 / 13590

＊잘못 만들어진 책은 구입한 곳에서 바꾸어 드립니다.

www.iacademybook.com

이 도서의 국립중앙도서관 출판시도서목록(CIP)은
e-CIP홈페이지(http://www.nl.go.kr/ecip)와 국가자료공동목록시스템(http://www.nl.go.kr/kolisnet)에서
이용하실 수 있습니다. CIP제어번호 : CIP2016013939

시작하는 글

음식엔 사람의 향기와 세월의 흔적이 있다. 장아찌를 입에 넣으면 짭조름한 맛이 묻어 둔 불씨처럼 추억을 불러온다. 두레상에는 양푼 밥과 김치, 찬이라고 해 봤자 장아찌, 나물, 된장국이 전부였지만 달디 달았던 어머니의 밥상엔 늘 온기가 있었다. 식구들이 마주 앉아 나누는 평범하기 짝이 없는 음식에는 일상의 고단함과 남루함을 위로해 주는 힘이 있었다.

음식과 입맛에는 개인의 삶과 기호, 그리움과 사회의 모습이 오롯이 담겨 있다.
학교에서 돌아와도 먹을 것이라곤 없었다. 저녁밥을 지으려고 미리 삶아 둔 보리쌀 바구니를 놓고 허기진 배를 채울 때 손가락으로 집어 먹던 김치와 장아찌 맛은 지금도 입 안 가득 침이 고이게 한다.
'한 번 길들여진 입맛처럼 완강하고 보수적인 것은 없다'라고 하는데, 어린 시절의 짜디짠 장아찌나 시큼털털한 김치, 퀴퀴한 청국장 맛은 추억의 샘이 되어 때론 미소를, 때론 눈물을 샘솟게 한다.

몸이 원하는 최상의 음식은 자연식이다. 건강식은 어쩌다 먹는 '황제 음식'이 아니라 평범한 제철 식품을 골고루 먹는 것이다. 음식은 생존 이상의 것으로, 우리가 식품에서 섭취하는 것은 칼로리가 아니라 식품이 지니고 있는 생명력이다. 외롭고 쓸쓸한 날, 힘들고 지쳤을 때 원하는 음식을 먹는 것만으로도 치유가 된다.

발효 식품의 역사는 인류의 역사만큼이나 오래되었다. 음식은 시간이 지남에 따라 숙성과 발효가 진행되는데 이때 기존 맛 성분과는 다른 발효 특유의 맛과 향을 낸다. 장아찌나 발효 식품은 절임과 삭힘, 기다림의 시간이 필요하다. 아무리 급해도 서서히 양념 맛이 드는 숙성의 시간을 기다려야 한다. 식품의 발효 과정을 지켜보노라면, 다양한 생명체가 인류의 건강을 위해 일하고 있다는 사실에 놀라게 된다.
장아찌는 식품의 보존 기간을 늘리고, 소화하기 쉬운 형태로 바꾸며, 음식물 찌꺼기

도 남기지 않는 환경 친화적인 해독제 자체다. 씻고, 절이고, 간장·된장·식초 등의 용액을 넣어 발효되는 동안 농약이나 중금속 등 유해 성분이 사라져 버린다. 발효식품은 현대인의 건강을 지킬 수 있는 대안이다.

장아찌는 밥을 주식으로 하는 우리의 음식 문화에서 겨울철 영양을 보충할 수 있는 밑반찬으로 중요한 식품이었다. 요즘은 계절에 상관없이 신선한 채소를 먹을 수 있지만 깊은 맛이 든 장아찌는 어떤 음식과도 잘 어울린다. 오래 두어도 변하지 않고, 아삭아삭 씹히며, 입맛을 개운하게 한다. 시간과 정성이 듬뿍 들어가 만들 때는 번거롭지만 일단 만들어 놓으면 언제라도 간편하게 활용할 수 있는 든든한 밑반찬이다.

장아찌를 담그는 것은 식품에 생명과 마술을 불어넣는 일이다. 맛있는 장아찌를 담그는 일은 예술가처럼 자유로운 정신과 감각, 미각적인 호기심을 요구한다. 재료를 앞에 두고 먼저 입에 넣고 씹어 본다. 사각사각, 오독 오도독…… 귀가 느끼는 맛의 소리가 경쾌하다. 혀가 느끼는 감각은 또 어떤가. 떨떠름하거나 알싸한 맛, 풀 비린내와 입안 가득 퍼지는 쌉싸름한 맛, 자연 그대로의 풋풋하고 달보드레한 맛이 미감을 자극한다.

나는 오감이 느끼는 식재료의 감각에 따라 저장 방법을 생각한다. 식초와 설탕을 넣거나, 간장과 젓갈, 된장과 쌀겨, 고추장과 소금 등 재료와의 배합을 고려하는 것이 마치 예술 행위처럼 느껴진다. 또한 한줌의 채소, 풋과일 몇 개에 오직 정성을 보탠 장아찌는 마음이 담긴 귀한 음식 선물이 되어 인간관계의 끈이 되기도 한다.

이 책은 나의 두 번째 장아찌 책이다. 6년 만에 장아찌 책을 만들면서 덜 짜고 간편하게 하기로 마음먹었다. 원래 두세 번 달임장을 끓여 부어야 하는 것을 재료의 양을 줄여 한 번만 끓여 냉장고에 보관하기, 서구화된 식생활에도 잘 어울리는 피클, 더 다양한 맛으로 활용하는 것을 염두에 두었다.

장아찌는 전문적인 기술이 없어도, 멋진 조리 기구가 없어도 충분히 만들 수 있다. 제철 채소를 준비하여 만들 수 있지만 냉장고에 갇혀 시들어 가는 채소를 이용할 수도 있다. 시들었기에 수분을 제거하는 과정이 간편해지고, 재료 몇 가지가 조금씩만 있다면 모둠채소장아찌로 만들면 된다.

장아찌를 만드는 것은 실패가 없는 실험 과정 같다. 섬유질이 많은 채소, 단단한 과일, 해조류 등 대부분의 것이 장아찌가 된다. 담근 장아찌에 하얀 골마지가 끼면 썩었다고 내다 버리는 경우가 있다. 이는 싱겁기 때문이니 골마지 부분을 걷어 내고 장물만 따라 내어 끓이면 된다. 이때 장, 소금, 젓갈, 식초 등 자기의 입맛에 맞는 재료를 넣고 끓여서 다시 부어 준다. 발효를 통해 자연과 가까워지고, 식품이 숙성하며 변화해가는 과정과 맛을 즐기는 것도 의미 있는 일이다.

내게는 6년 전에 만든 장아찌가 아직 몇 가지 남아 있다. 색깔은 까맣게 변했지만 아까워 차마 버리지 못했다. 이것을 물에 헹구거나 담가 두었다가 전이나, 겉절이, 양념장, 조림을 할 때 이용한다. 나 자신도 묵은 장아찌의 저장성과 활용도에 놀라곤 한다.

장아찌를 만들며 어머니, 어머니의 어머니, 또 그 어머니인 이 땅의 여인들의 삶을 생각한다. 시어 꼬부라진 김치 한 쪽, 시래기 한 줌도 먹거리로 만드는 지혜와 알뜰함에 머리가 숙어진다.

이 책이 여러분의 식탁에 반찬 걱정을 덜어 주고 장아찌를 만드는 행복한 노동이 기대와 설레임이 되기를, 음식을 나누는 손길이 자잘한 기쁨과 감동으로 이어지기를 기대한다.

2016년 초록빛 생명의 계절에

김정숙

목차

시작하는 글 3

 장아찌와 피클을 만들기 전에 알아 두면 좋은 것들

장아찌 재료에는 어떤 것이 있나 10

보관 기간에 따른 장아찌의 차이 12

생절임 장아찌와 익힌 장아찌의 차이 14

장아찌와 피클의 기본 재료 16

몸에 좋은 장아찌 만들기 25

장아찌와 피클을 더욱 맛있게 만드는 방법 32

장아찌(피클) 만드는 과정 34

생활 속 장아찌 활용법 38

 채소로 만드는 장아찌 & 피클

가지표고장아찌 42 | 감자장아찌 44 | 고구마장아찌 46 | 풋고추장아찌 48 | 깻잎된장장아찌 50 | 래디시피클 52 | 마늘장아찌 54 | 마늘강황피클 56 | 마늘종간장장아찌 58 | 풋마늘간장장아찌 60 | 무삼색피클 62 | 무말랭이고추냉이장아찌 64 | 배추피클 66 | 비트잎장아찌 68 | 삼채장아찌 70 | 셀러리콜리플라워피클 72 | 신선초깻잎순장아찌 74 | 아스파라거스피클 76 | 양배추피클 78 | 방울다다기양배추장아찌 80 | 양파비트장아찌 82 | 양파겨자피클 84 | 애호박장아찌 86 | 연근피클 88 | 열무장아찌 90 | 오이셀러리풋고추장아찌 92 | 오이깻잎피클 94 | 노각장아찌 96 | 우엉미소장아찌 98 | 청경채소금요구르트절임 100 | 콩나물장아찌 102 | 토란장아찌 104 | 파프리카피클 106 | 채소미강절임 108 | 동치미무된장장아찌 110 | 김장김치장아찌 112 | 흔한 채소를 특별하게 먹는 방법, 숙장과 114 | 채소숙장과 116

과일, 열매로 만드는 장아찌 & 피클

곶감장아찌 120 | 대추장아찌 122 | 매실절임 124 | 사과고추장장아찌 126 | 수박피클 128 | 포도피클 130 | 멜론피클·참외피클 132 | 토마토치즈오일피클·방울토마토피클 134 | 병아리콩피클·땅콩피클 136

약초, 산나물로 만드는 장아찌 & 피클

고사리된장장아찌 140 | 곰보배추장아찌 142 | 냉이장아찌 144 | 달래고추장장아찌 146 | 당귀장아찌 148 | 더덕장아찌 150 | 돌미나리장아찌 152 | 두릅장아찌 154 | 머윗잎장아찌 156 | 민들레장아찌 158 | 방풍장아찌 160 | 돼지감자장아찌 162 | 오갈피순장아찌 164 | 참취장아찌 166 | 초석잠장아찌 168 | 칡순장아찌 170 | 노루궁뎅이버섯장아찌 172

해산물로 만드는 장아찌

가시파래장아찌 176 | 곰피장아찌 178 | 김장아찌 180 | 꼬시래기장아찌 182 | 미역귀장아찌 184 | 대하장 186 | 전복장 188 | 조갯살·새우·홍합장아찌 190 | 북어고추장장아찌 192 | 해파리장아찌 194

장아찌를 활용한 별미 요리

장아찌양념장 198 | 장아찌샐러드 200 | 장아찌김밥 202 | 장아찌비빔밥 204 | 장아찌전 206 | 장아찌두부찜·청경채요구르트겉절이 208 | 장아찌쌈밥 210

일러두기

1 이 책의 레시피는 냉장고에 보관하는 장아찌를 기준으로 했다.
2 이 책에서는 현미 식초, 양조간장, 조선간장(국간장), 조청(시판용)을 사용했다.
3 맛내기용 국물은 '육수' 대신 '맛국물'로 표기했다.
4 재료를 절이는 소금물이나 식초물은 절임물, 숙성시키는 장아찌물은 달임장, 피클에 붓는 물은 피클 시럽으로 표기했다.
5 장아찌 담그는 과정에서 장아찌가 뜨지 않도록 눌러 두는 무거운 돌이나 접시 등의 도구를 '누름돌'로 표기했다. 그때그때 형편에 맞는 것으로 쓰면 된다.
6 장아찌를 담글 때 '누름돌'로 누른 뒤에는 반드시 뚜껑을 덮고 숙성시키는 과정이 있다. 본문의 만드는 법에서는 '뚜껑을 덮는' 과정은 굳이 설명하지 않았다.
7 이 책에서 제공하는 레시피는 독자의 기호에 맞게 달리할 수 있다.

장아찌와 피클을 만들기 전에 알아 두면 좋은 것들

장아찌 재료에는 어떤 것이 있나

제철 산나물 – 잠깐 맛보는 산나물을 밑반찬으로 오래도록 즐길 수 있다

우리나라는 산수山水가 아름답고 풍토가 비옥하여 약초로 알려져 있는 것만도 1천여 종이 넘는다. 우리 민족은 '약식동원藥食同源'의 개념을 생활 속에서 실천하고, 채소가 지닌 약리 작용을 이용하여 구황 식품으로 활용하는 지혜를 발휘했다.

산나물(산야초)은 자연 치유력을 높이고, 산성화되는 몸을 알칼리성으로 바꾸며, 몸 안에 쌓인 독소를 해독하는 효능이 있다. 산야초야말로 현대 질병의 가장 큰 원인으로 꼽는 잘못된 식생활의 대안이 될 수 있는 식품이다. 특히 청정 지역에서 땅과 하늘의 기운을 듬뿍 받고 자란 산야초는 영양학적으로 상당히 우수하고, 발암물질을 억제하는 힘이 뛰어나다. 산야초의 약성은 거친 환경에서 생존하기 위한 방편이다. 외부에서 침입하는 각종 곤충 및 세균으로부터 자신을 보호하기 위해 항균·항암·항염·면역력 증강·노화 방지 효과를 내는 생화학물질을 만들도록 진화한 것이다. 질경이, 민들레, 쑥, 씀바귀, 쇠비름, 쑥부쟁이, 원추리, 냉이, 칡잎, 뽕잎, 고들빼기, 머윗대 껍질……

이것들은 농사에 방해가 되는, 지긋지긋하게 생명력이 강한 잡초이거나 안 쓰고 버리는 부산물이다. 이처럼 제철에 나는 흔한 재료를 이용하여 오래 저장해 두고 먹을 수 있는 짭조름한 밑반찬인 장아찌를 만드는 것은 영양과 맛, 알뜰함으로 식탁에 변화를 줄 수 있다.

단단하고 섬유질 많은 채소가 맛 좋은 장아찌가 된다

장아찌나 피클의 재료는 뿌리채소, 줄기채소, 잎채소, 열매 등 다양하다. 날것으로 먹는 채소라면 거의 대부분 장아찌 재료가 될 수 있는데, 주로 쓰이는 채소는 무·오이·풋고추·마늘·마늘종·깻잎·더덕·도라지·고춧잎·무·무말랭이·콩잎 등이며, 표고버섯·송이버섯 등의 버섯류도 맛이 좋은 재료가 된다. 이 가운데 오이·고추·가지·깻잎 등은 연한 것보다는 거칠고 뻣뻣한 것이 장아찌용으로는 더 좋다.

채소 말고도 김·미역·다시마 등의 해초, 굴비·전복·새우·북어 등의 어패류, 두부와 도토리묵 등의 가공식품도 장아찌 재료로 쓰인다.

열매는 버려지는 풋열매나 남아도는 과일도 훌륭한 재료

크기가 크고 수분이 많은 과일(열매)보다는 수분이 적고 단단한 것을 선택한다. 예를 들어, 수분이 많고 크기가 큰 토마토나 복숭아, 잘 익어 먹음직스러운 사과는 과일로서는 훌륭한 조건이지만 장아찌용으로는 빨리 물러져서 사용할 수 없다. 풋토마토, 폭풍우에 떨어진 풋복숭아, 풋사과, 땡감 등이 오래 보관할 수 있는 맛있는 장아찌가 된다.

몸에 좋은 열매나 뿌리를 귀한 장아찌로 만들어 별미로 먹거나 손님 접대에 사용한다

은행·밤·호두·산초 열매·동아 등의 영양이 풍부한 열매(견과류), 천문동 뿌리·달맞이꽃 뿌리·돼지감자·초석잠·더덕·도라지·연근·우엉 등의 산야초 뿌리를 장아찌로 만들어 저장해 두면 별미 반찬이 된다. 두부의 물기를 제거한 뒤 고추장이나 된장에 박아 두었다가 먹는 두부장아찌, 청포묵장아찌, 도토리묵장아찌는 최고의 별미다.

이렇게 평소 장아찌를 준비해 두면, 입맛이 없을 때나 집에 갑자기 손님이 찾아왔을 때 맛도 좋고 특색 있는 건강 밥상을 차릴 수 있다.

보관 기간에 따른 장아찌의 차이

장아찌 - 오래 보관하며 먹을 수 있는 전통 저장 음식

장아찌는 제철에 흔한 채소를 소금에 절이거나 꾸덕꾸덕하게 말려 간장이나 고추장, 된장, 식초 등에 넣어 오래 저장했다가 먹는 것이다. 짧게는 며칠, 길게는 6개월에서 1년 정도 지나야 깊은 맛이 난다.

수천 년 역사 속에서 우리나라는 가뭄과 홍수 같은 천재天災와 전쟁의 피해 속에서 굶주리는 일이 비일비재했다. 대가족의 끼니를 책임져야 했던 주부는 곡식 한 알, 나물 한 줌도 소홀히 할 수 없었고, 채소는 뿌리부터 열매, 줄기, 꽃, 잎, 씨앗까지 알뜰하게 먹을 수 있는 방법을 고민해야 했다. 이러한 노력은 장아찌나 김치, 젓갈 등의 저장 식품으로 발전했고, 이는 오늘날 세계 어느 나라에서도 보기 어려운 독특한 우리 음식 문화를 형성하는 데 이르렀다.
철 따라 나오는 채소로 장아찌나 김치를 만들어 저장한 것은 채소가 나지 않는 계절에도 채소를 먹을 수 있는 지혜로운 방편이었다. 채소나 산야초 저장 식품은 사계절이 뚜렷하여 기온의 차가 심하고, 겨울이 긴 자연환경에서 수시 공급을 위한 필수 요건이다.

채소나 풋열매를 이용한 장아찌는 장에 저장하는 동안 장맛과 염분이 고루 스며들면서 미생물이 발효 작용을 하여 독특한 질감을 내는데, 거친 섬유소가 삭으면서 아삭아삭한 질감을 갖게 된다. 장물을 끓여서 붓기를 2~3회 반복하면 좀 더 짧은 시간에 맛있는 장아찌를 맛볼 수 있다. 하지만 여러 번 끓일수록 수분은 증발되고 장물 농도가 짙어져 염분이 많아지므로 적당량의 맛국물을 첨가하여 끓여 붓는 식의 응용이 필요하다.

한편, 장아찌를 얇게 또는 채 썰어서 물에 살짝 헹구어 물기를 꼭 짠 뒤 조청을 넣고 조물조물 무치면 짠맛이 빠지면서 맛도 좋다. 먹기 직전에 참기름, 설탕, 물엿, 깨소금 등을 첨가해서 고루 무쳐 먹는다.

피클 – 단기간에 쉽고 빠르게 만들어 먹는 저장 음식

피클은 일종의 '초절임'이다. 식초와 설탕, 향신료로 간하여 새콤달콤한 맛과 아삭아삭한 식감, 독특한 향이 특징인 '서양식 김치'이다. 햄버거와 피자가 대중화되고 해외여행이 자유로워지면서 피클은 매우 익숙한 음식이 되었다.
식초는 살균력이 강하여 소금 농도가 낮아도 방부 작용을 하고 식욕을 증진시킨다. 산성 발효를 이용해서 식품을 저장하는 방법은 매우 오래 전에 개발된 것으로, 인류에게 큰 도움을 주었다. 고기 위주의 식생활을 하는 서양인에게 있어, 피클은 산도(pH)를 낮추어 미생물의 번식을 억제하는 긴요한 저장 음식이다.

독일의 사우어크라우트sauerkraut는 양배추를 채 썰어 소금에 절여서 발효시킨 것이다. 발효 과정에서 생긴 유산균으로 인한 신맛과 독특한 냄새가 나는 일종의 독일식 김치로, 우리나라의 김치와 같은 이유로 건강에 좋은 것으로 알려져 있다. 주로 고기 요리에 곁들여져 샐러드를 대신하며, 스튜나 샌드위치에 넣어 먹기도 하고, 소시지나 햄과 함께 기름에 볶아 요리하기도 한다. 황금색을 띠는 것이 맛있고 씹는 식감이 아삭하다.
피클을 만들 수 있는 채소와 과일은 다양하다. 일반적으로 마늘, 마늘종, 무 등의 단단한 뿌리채소, 양배추, 양파, 오이, 아스파라거스, 셀러리, 파프리카 등의 질감이 아삭한 채소로 담근다. 저장 식품이므로 아삭함이나 식감이 비슷한 재료끼리 함께 담가야 무르는 속도가 비슷해져서 맛있게 즐길 수 있다.
피클은 담가서 짧게는 몇 시간 만에, 길게는 3~5일 만에 먹을 수 있다. 금세 색이 변하거나 물러지므로 오래 두고 먹을 수는 없다. 보관 용기만 끓는 물에 열탕 소독한다면 피클물을 끓여서 붓지 않아도 한 달 정도 두고 먹을 수 있다. 피클 재료에 끓는 피클물을 그대로 부으면 색깔이 순식간에 변하고 대부분의 채소는 더 쉽게 물러진다(이 책에서는 양배추, 당근처럼 단단하거나 오이처럼 아삭하게 먹어야 맛있는 재료도 피클물을 끓인 후 완전히 식혀서 부었다).

생절임 장아찌와 익힌 장아찌의 차이

생절임 장아찌

장아찌의 가장 큰 장점은 원재료의 맛을 유지하면서 가열로 인한 비타민의 손실을 막을 수 있다는 점이다(데쳐서 말려 담그는 장아찌는 예외로 한다). 채소로 장아찌를 만들어 먹으면 날것으로 먹을 때에 비해 미네랄과 비타민 A·B·C 및 식이섬유량이 증가한다. 그 이유는 수분이 빠져나가면서 부피는 줄어들지만 영양분은 그대로 남아 있기 때문이다. 따라서 같은 양의 채소와 장아찌를 비교하면 장아찌에 들어 있는 영양소의 양이 월등히 많다.

장아찌를 만들 때 가장 신경 써야 할 점은 재료의 물기를 빼는 일이다. 소금에 절이거나 데쳐서 꾸덕꾸덕하게 말려야 변질되지 않는다. 또한 장에 넣어 숙성시키는 과정에서 장 성분이 채소와 함께 숙성되기 때문에 독특한 맛이 난다.

장아찌 중에서도 식초에 절인 장아찌는 살균력이 강해서 소금 농도가 낮아도 방부 작용을 하며, 식욕 증진 효과가 있다.

익힌 장아찌 숙장과 熟醬瓜

장아찌를 궁중에서는 '장과醬瓜'라 불렀다. 이는 채소를 절인 뒤 양념하여 볶거나 조린 것이었다. '숙장과'란 익혀서 만든 장아찌를 가리킨다. 숙장과는 '갑장과'라고도 하는데, 갑자기 만들었다는 의미를 담고 있다. 참고로, 궁중에는 간장이나 된장, 고추장에 담그는 장아찌는 없었고, 게장이나 마늘장과 등은 있었다고 한다.

오이숙장과는 오이의 씨를 빼고 막대 모양으로 썰어 소금에 절인 뒤 쇠고기채, 표고버섯과 함께 볶아 깨소금과 참기름에 무친 것이다. 오이의 푸른색이 살아 있고, 아작아작 씹히는 맛이 좋은 별미로, '오이갑장과'라고도 한다.

오이통숙장과는 작은 오이를 통째로 절여서 사용하거나 오이소박이처럼 칼집을 내어 절인 것에 양념한 고기 볶은 것을 소로 채운 뒤 볶다가 간장을 부어 조린 장과다.

무숙장과는 무가 맛있는 가을철에 담그는데 무를 막대 모양으로 썰어 간장에 절여서 쇠고기와 함께 볶아 만든 갑장과로, '무갑장과'라고도 부른다.

열무숙장과는 연한 열무를 이용한 여름철 별미이다. 센 불에서 얼른 볶아야 하고 볶아 낸 후 참기름, 깨소금, 파, 마늘 등의 양념을 적당하게 써야 맛이 난다.

머위숙장과는 머위 줄기의 껍질을 벗기고 잘라서 삶은 뒤 꿀이나 설탕을 넣고 까맣게 조린 것이다. 이때 씨를 뺀 통고추를 넣으면 맛이 더욱 좋아진다.

이 밖에 미나리장과, 파숙장과, 깻잎숙장과 등도 맛있게 만들어 먹을 수 있는 숙장과이다.

장아찌와 피클의 기본 재료

소금 – 자연의 선물, 천연 양념

소금은 인류 역사에서 가장 오래된 조미료이자 보존료로서, 음식의 간을 맞춰 줄 뿐만 아니라 훌륭한 방부제 역할을 한다. 또한 발효 미생물이 잘 자랄 수 있는 환경을 조성하므로 발효에서 중요한 물질로 인정받고 있다.

장아찌를 만들 때 소금은 재료를 절이거나 밑간할 때 주로 사용한다. 소금과 식재료가 만나면 삼투압 현상으로 인해 재료의 수분이 빠져나가 맛이 응축되며, 미생물의 침입과 번식을 억제하여 부패를 막고 보관성이 높아진다.

소금이라고 해서 다 같은 소금이 아니다. 광산에서 캐낸 염화나트륨 덩어리인 암염岩鹽, 짠 호수에서 얻은 호수염, 천일염을 물에 녹여 다시 만든 재제조염再製造鹽도 모두 소금이다. 세계에서 생산되는 소금의 60% 이상은 암염이다.

천일염은 생산지 환경과 만드는 방법에 따라 차이가 많이 난다. 호주와 멕시코의 대규모 염전에서 생산되는 천일염은 미네랄 성분이 거의 없어 정제염과 별 차이가 없다. 반면에 우리나라 천일염은 바닷물을 이용해 갯벌에서 제조하여 풍미가 있고 수입산에 비교하여 마그네슘이 2.5배 많다.

천일염은 2~3년간 묵혀 간수를 빼고 사용하는데, 이 과정에서 쓴맛을 내는 물질이 줄어들고, 맛이 순해지며, 해로운 물질이 사라지고 좋은 미네랄이 남는다. 특히 소금의 귀족으로 불리는 토판염은 갯벌을 그대로 다진 토판에서 만든 것이다. 염전 바닥에 타일이나 장판을 깔아 만든 일반 천일염에 비해 공정이 까다롭고 생산량도 적으며 비싸다. 천일염, 자염, 죽염 등 우리나라에서 손꼽히는 좋은 소금은 세계 어디에 내놓아도 고급 소금으로 전혀 부족함이 없다.

씨솔트sea salt _ 해수면 200m 이하의 바닷물로 만든 소금으로 약간의 미네랄을 함유하고 있다. 일반 정제염에 비해 입자가 굵다. 소금이 녹지 않고 몇 알이 씹힐 때 우리가 느끼는 맛의 자극은 다르기 때문에 요리 후 몇 알 뿌려 주어 독특한 즐거움을 더할 수 있다.

핑크솔트 pink salt _ 파키스탄의 히말라야에서 채취하는 암염이다. 철 성분에 의해서 분홍색을 띠는 것이 특징이다. 깨끗한 환경에서 채취하고 질이 좋은 것으로 알려진 데다 색도 곱기 때문에 요리 마지막에 몇 알 뿌려서 가니시 garnish로 애용된다.

코셔솔트 kosher salt _ 다이아몬드 크리스털 결정 형태로 정교하게 만든 가공소금이다. 입자가 굵고 안이 비어 있는 독특한 질감을 가지고 있어 씹었을 때 '파삭' 하며 폭발적인 감칠맛을 주기 때문에 셰프들이 사랑하는 소금이다.

플뢰르 드 셀 fleur de sel _ 프랑스 서부 브르타뉴에 위치한 게랑드에서 생산되며 최고급 유기농 소금으로 대접받는다. '소금의 꽃', '소금의 캐비어'라고 불리며 은은한 제비꽃향이 난다. 갯벌 흙바닥에서 채취하기 때문에 국산 천일염에 비해 물에 녹지 않는 불용 성분이 더 많다.

르 트레저 셀 그리스 le tresor sel gris _ 프랑스 게랑드에서 생산되는 유기농 소금으로 옅은 베이지색을 띤다. 짠맛이 강하고 은은한 바다 향이 난다. 비린내를 제거하고 향을 돋우는 음식에 사용하면 좋다.

누치마스 ぬちまーす _ 오키나와 말로 '생명의 소금'이라는 뜻이다. 오키나와 해수 100%를 세계 최초의 순간공중결정법으로 만든 미네랄 해염이다. 천일염에 비해 염화나트륨 함량이 낮고 미네랄 함량이 높다.

장 – 자연과 시간이 빚어 낸 깊은 맛

장醬은 한국 음식의 간을 맞추고 맛을 내는 바탕으로, 구수한 맛, 감칠맛, 깊은 맛을 동시에 지니고 있다. 곡류와 채소를 위주로 한 우리 전통 식생활에서 영양과 맛을 책임지는 매우 중요한 발효 식품이다.

간장 – 한국인의 기본 조미료

간장(된장)의 주재료는 콩과 소금물이다. 메주(콩)와 소금, 물이 햇볕과 바람을 만나 '미생물 발효'라는 화학적인 변화 과정을 거쳐 특유의 맛과 향이 생기고, 염도가 높아 보존성이 뛰어나다.

간장과 된장에 쓸 메주는 보통 10~12월에 콩을 삶아서 만들어 띄우며, 이듬해 입춘 전에 장을 담근다. 약 40~60일의 숙성 기간을 거친 뒤, 메주를 건져 치대어 다른 항아리에 담은 것이 된장, 메주를 건져 내고 남은 물이 간장이 된다. 이것을 '생간장'이라고 하는데, 여기에 온갖 효소와 미생물이 들어 있어 이들의 작용으로 숙성되는 것이다.

간장은 담근 햇수에 따라 햇간장(청장), 중간장, 진간장(묵은 간장) 등으로 구분된다. 일반적으로 5년 정도 묵은 간장이 가장 맛있다.

제조법에 의한 분류로는 순콩으로 만든 재래간장(조선간장, 국간장, 청장), 콩밀로 제조하여 된장이 나오지 않는 개량간장, 화학간장인 산분해간장(아미노산간장) 등이 있다. 시판되는 양조간장은 누룩곰팡이를 순수 배양해서 볶은 밀과 삶은 콩에 섞어 3~4일간 띄운 개량 메주를 소금물에 담가 발효시킨 것이다.

된장 – 가장 한국적인 맛

된장은 '덩어리지고 되직한 장'이라는 의미로, 흙 색깔이 나므로 '토장土醬'이라고도 한다.

전통 막된장·토장·막장·즙장汁醬·생황장·청태장·팥장[小豆醬]·청국장·집장·두부장豆腐醬·지레장·무장·생치장生雉醬·비지장·깻묵장·등겨장·가리장 등 종류가 매우 다양하다.

된장은 단백질과 지방이 풍부하고 건강 기능성 효과가 크다. 된장의 구수한 맛을 내는 성분은 글루탐산과 유리아미노산, 핵산 등이다. 된장에는 쌀을 주식으로 하는 우리나라 사람에게 모자라기 쉬운 필수아미노산인 '리신lysine'이 많아 식생활의 균형을 잡아 준다. 된장의 지방은 리놀렌산을 비롯하여 대부분 불포화지방으로, 나쁜 콜레스테롤이 몸에 쌓이는 것을 막고 혈액의 흐름을 원활하게 하는 데 기여한다.

일반적으로 숙성 기간이 오래될수록 맛이 좋아진다고 하지만, 부산대학교 식품영양학과 박건영 교수의 연구에 의하면, 2년 숙성된 된장이 맛과 영양 효과가 가장 크다고 한다.

전통된장은 국이나 찌개를 끓일 때 오래 바글바글 끓여야 감칠맛이 나는 데 비해, 시중에서 파는 개량된장은 오래 끓이면 국물이 탁해지고 단맛이 나므로 가볍게 끓여야 한다.

고추장 – 감칠맛 나는 매운맛

전통고추장은 찹쌀밥이나 찹쌀죽에 엿기름, 고춧가루, 메줏가루, 소금을 넣고 버무려 만든다. 녹말과 메주콩 단백질이 가수분해되어 생긴 단맛, 아미노산의 구수한 맛, 고춧가루 중의 캡사이신^{capsaicin}에 의한 매운맛, 소금의 짠맛이 잘 조화되어 특유의 감칠맛을 낸다. 따라서 원료의 배합 비율과 숙성 조건에 따라 성분과 맛이 달라진다.

고추장은 된장에 비해 콩의 일부를 전분질 원료로 대체하기 때문에 단백질 함량은 적고 당분이 많다. 고추의 캡사이신 성분이 체내에서 지방의 대사를 촉진하므로 항비만 효과가 있고, 복합물질에 의한 항암 · 항종양 효과가 있는 것으로 확인되었다. 한국인에게 고추의 매운맛은 감정을 조절하고 치유하는 테라피^{therapy} 기능이 있다.

고추장이 오래될수록 색이 진해지는 이유는 수분이 증발하고 발효가 계속되기 때문이다. 밝은 빨간색 고추장은 6개월 정도 숙성시킨 것이고, 어두운 붉은색은 1년 이상 숙성시킨 것이다. 6개월~1년 숙성시킨 것이 맛도 좋고 건강 효과도 크다.

고추장은 메줏가루와 주재료의 종류에 따라 찹쌀고추장, (멥)쌀고추장, 보리고추장, 밀가루고추장, 팥고추장, 떡고추장, 수수고추장, 고구마고추장, 마늘고추장, 대추찹쌀고추장, 무거리고추장, 약고추장 등으로 구분할 수 있다. 요즘은 건강에 대한 관심과 함께 매실고추장, 더덕고추장, 고로쇠액고추장, 황칠액고추장 등 다양한 고추장이 만들어지고 있다.

식초 – 자연이 준 기적의 물

식초는 발효 식품 중에서 가장 오랜 역사를 지닌 조미료이자 뛰어난 건강 기능성 식품이다. 바빌로니아인은 기원전 5천 년에 대추야자로 빚은 술을 발효시켜 식초를 만들었고, 중국에서는 3천 년 전에 쌀식초를 만들었다. '자연이 준 기적의 물'이라는 별명답게 살균 작용으로 음식의 부패를 막고, 산뜻한 청량감이 식욕을 증진하고 소화 기능을 높이며, 구연산 · 사과산 등의 각종 유기산은 에너지 대사를 원활하게 한다. 식초의 천연 방부 효과와 해독 효과를 이용한 발명은 노벨상을 3회나 수상할 정도로 성과가 크다.

식초는 원료에 따라 맛과 풍미가 다르고 효능에도 차이가 나는데, 요리에 맞는 식초의 궁합은 주로 향에 따라 결정된다. 식초의 종류에 따라 산미와 향이 조금씩 달라질 수 있다.

한식을 즐기는 사람이라면 재료의 맛을 방해하지 않는 현미 식초가 어울리고, 양식을 즐기는 사람이라면 사과 식초나 레몬즙을 활용하는 것이 좋다.

식초를 요리에 활용할 때는 식초의 종류뿐 아니라 상품 표시에 명기되어 있는 산도에도 관심을 가져야 한다. 시판하고 있는 식초는 5% 정도의 초산 농도에 맞춰져 있지만 와인 식초는 7% 이상인 것이 많다. 이에 반해 일본의 쌀 식초는 4%, 중국의 흑초는 2%에 불과한 것도 있다. 사용하는 식초의 종류에 따라 신맛의 강도가 다르다. 식초는 피클 맛을 내는 핵심 재료로, 신맛을 내고 보관 기간을 늘려 준다. 식초의 종류에 따라 산미와 향이 조금씩 달라질 수 있다. 사과나 레몬 식초를 넣으면 향긋함과 상큼함을 더할 수 있지만 향이 강한 식초는 자칫 식재료의 특성을 가릴 수 있다.

식초는 제조 방법에 따라 양조식초와 합성식초로 나뉜다. 양조식초는 쌀이나 술지게미, 과일 등의 종초種醋 : 발효가 끝난 상태의 초에 의해 변성된 알코올을 원료로 한 아세트산 발효로서 감칠맛을 내는 각종 유기산과 아미노산을 함유하고 있다. 합성식초는 석유에서 추출한 빙초산 또는 초산(식초를 만들어 내는 균)을 희석하여 유기산 등을 인공적으로 첨가해 만들므로 신맛이 강하고 감칠맛이 느껴지지 않는다.

곡물 식초 _ 아시아 요리에 가장 많이 쓰이는 것으로, 과즙 30%를 첨가한 것으로 식초의 재료나 공법에 따라 붉은색, 흰색, 갈색, 검은색 등 다양한 색깔을 띤다.
와인 식초 _ 포도주스를 발효시킨 와인을 몇 달 동안 숙성한 뒤 효모로 발효시킨 것으로 와인이 좋을수록 좋은 식초가 만들어진다.
발사믹 식초 _ 중세 시대 이래로 이탈리아 북부의 에밀리아로마냐 주에서 제조되고 있다. 포도즙의 양이 약 3분의 1로 줄 때까지 끓이고, 이 과정에서 당과 산이 40%를 차지할 정도까지 물을 증발시켜 농축한다. 그 뒤에 오크나무, 밤나무, 벚나무, 향나무로 만든 통에 농축한 포도즙을 담아 최소한 12년의 숙성 기간을 거치면 발사믹 식초가 완성된다. '트라디치오날레' 즉 '전통적인'이라는 표시는 오로지 오리지널 발사믹 식초에만 붙일 수 있다.
셰리 식초 _ 스페인의 대표적인 식초다. 스페인 남부 지역인 헤레스데라프론테라 지역에서 만든 셰리 와인은 발효가 끝난 뒤 브랜디를 첨가해서 알코올 도수를 높인 주정강화 와인이다. 셰리 와인으로 셰리 식초가 만들어지는데 나무통에서 여러 해를 거쳐 숙성되어 높은 비중의 감칠맛과 견과 맛이 난다.

설탕 – 달콤한 조미료

설탕은 소금과 함께 기본 조미료에 속한다. 설탕의 원료는 사탕수수, 사탕무, 사탕단풍나무 등이다.

사탕수수는 벼과의 여러해살이풀로, 고온다습한 열대나 아열대지역에서 자란다. 사탕수수의 줄기를 잘게 잘라 압축기로 당즙을 짜내어 줄여서 다갈색의 원료당을 만든 뒤에 소비지로 운반하여 정제하면 우리가 먹는 설탕이 된다.

사탕무는 명아주과의 두해살이풀로, 지름 10~15cm, 길이 약 30cm, 무게 0.5~1kg, 당분 함유량은 14~17%이다. 기후가 서늘한 온대 지역에서 재배된다. 뿌리를 얇게 썰어서 온탕에 담가 당분을 녹인 뒤 순도가 높은 백설탕으로 정제한다.

설탕은 소장에서 흡수될 때 포도당과 과당으로 분해되는데, 과당은 대부분 포도당으로 변하고, 포도당은 체내에서 산소와 반응하여 1g에 4kcal의 에너지를 낸다. 그 과정에서 비타민 B_1이 소비된다.

설탕은 백설탕, 갈색설탕, 흑설탕, 분말설탕으로 나뉜다. 백설탕은 '정백당'이라고도 하며 일반적으로 가장 많이 사용된다. 설탕이 하얗게 보이는 것은 빛의 난반사에 의한 것으로, 순도 높은 설탕의 결정은 20면체로서 무색투명하다.

황설탕은 백설탕을 몇 번 더 정제한 것으로, 열이 가해져서 황색을 띠며 특유의 풍미가 있다.

흑설탕 원래 사탕수수의 즙을 그대로 조린 것으로, 칼슘과 철분이 들어 있다. 당도는 85%로 낮지만 풍미가 있어서 달게 느껴진다. 하지만 현재 시장에 대량 유통되는 흑설탕은 흰설탕에 열을 가하여 진한 갈색을 낸 것이다.

설탕은 감미료 기능뿐만 아니라 방부 효과를 높이는 재료로서 보존성이 필요한 가공요리나 가공식품에 많이 이용된다. 이 책에서는 단맛과 윤기를 더해 주고 보존성을 높이는 재료로서 흰설탕, 발효액, 조청, 매실청을 사용했다. 흑설탕을 사용하면 피클물의 색이 진해지고 채소나 과일의 식감을 떨어뜨리기 때문에 쓰지 않았다. 올리고당이나 시럽, 꿀 등을 잘못 쓰면 주재료에 따라 수분이 많아지거나 떫은맛이 날 수 있다.

설탕을 대신할 수 있는 감미료

꿀
우리나라의 대표적 밀원식물은 아카시아꽃, 싸리꽃, 메밀꽃, 밤꽃 등이다. 설탕 대신 꿀을 넣으면 흡습성이 강하기 때문에 오랫동안 습기가 있는 상태로 보존할 수 있다. 그러나 향이 강한 꿀을 사용하면 자칫 식재료 고유의 향이 묻혀 버리고 채소의 수분을 덜 뺀 경우에 물이 많이 나와 시큼하게 변질될 수도 있다. 꿀을 사용할 때는 설탕을 사용할 때보다 맛국물이나 물의 양을 줄여야 한다.

물엿 corn syrup
거의 무색이며 점성을 띤 액체로, 볶음이나 조림에 넣으면 윤기를 더해 주므로 요리에 다양하게 사용된다. 고구마, 감자, 옥수수 기타 곡류의 전분에 산이나 효소를 가하여 포도당, 맥아당, 덱스트린이 적당히 섞여 있을 때까지 농축해 만든 감미료이다.

올리고당
올리고당의 단맛은 설탕과 같지만 칼로리는 3분의 1로 훨씬 낮다. 설탕은 분자가 2개인 이당류, 올리고당은 3~7개 분자가 뭉쳐진 다당류에 속한다. 체내에서 수용성 식이섬유와 같은 작용을 하며 대장까지 도달해서 장내 비피더스균을 증식시켜 장 건강에 도움이 된다. 하지만 올리고당은 탄수화물의 일종으로 설탕보다 단맛이 적어 맛을 내기 위해서 자칫 지나치게 많은 양을 사용할 수 있다.

향신료 – 약이 되는 자연의 향기

식물의 꽃잎, 씨앗, 줄기, 뿌리, 껍질 등에서 얻는 향신료는 육류나 생선의 비린내를 제거하고, 음식에 향취를 더해 맛을 좌우하는 중요한 역할을 한다. 가공법과 채취 시기에 따라 이름이 바뀌고, 맛과 향 또한 달라진다. 음식을 오래 보관할 수 있는 방부 역할을 하며, 소화 촉진, 해열, 해독 작용이 있는 약으로 이용되기도 한다.

겨자 mustard
동서양 육류 요리에 가장 많이 이용되는데 노란색 겨자는 겨잣가루에 노란색 향신료인 터메릭turmeric을 첨가하여 색을 내서 식감을 높인 것이다. 겨잣가루는 따뜻한 물로 섞어야 한다. 뜨거운 액체와 섞으면 휘발성의 매운맛이 사라지고 따끈한 소스를 만들 때 중간에 넣으면 쓴맛이 난다. 통겨자 씨는 카레와 피클에 이용되기도 한다.

딜dill

딜은 스칸디나비아어의 '진정시키다' 또는 '달래다'라는 뜻의 '딜라dilla'에서 유래된 것으로 향기가 강하다. 잎은 깃털처럼 생겼고 녹색을 띤 푸른색이다. 잎과 씨앗 모두 쓰는데, 유럽에서는 오이피클의 맛을 내는 데 사용한다. 뜨거운 음식에 넣을 때는 식탁에 내기 전에 넣어야 향이 오랫동안 유지된다.

로즈마리rosemary

'바다의 이슬'이라는 의미로, 쓰임새가 다양한 향신료이다. 살균·소독·방충 작용이 있으며, 쑥보다 진한 향기는 두통을 가라앉히고 기억력과 집중력을 높이는 효과가 있다. 자체의 맛과 향이 강하므로 요리에 사용할 때는 주의해야 한다.

와사비wasabi

일본인들은 와사비 특유의 매운맛을 좋아한다. 와사비의 뿌리 윗부분은 연두색, 아랫부분은 흰색이다. 시중에서 판매하는 푸른색의 와사비는 인공색소와 전분이 첨가된 제품이다. 와사비를 직접 강판에 갈아서 간장과 섞으면 매운맛이 강하지 않고 부드러우며 향이 좋다.

울금turmeric

울금은 뿌리를 쓰는 향신료로, 생강과 매우 비슷하다. 카레의 색과 맛을 내는 향신료, 겨자의 착색제로 쓰인다. 한방에서는 '울금', '강황'이라 부르며, 지혈제, 진통제, 담즙 분비 촉진제로 이용한다.

월계수sweet bay

모든 음식의 향을 좋게 하므로 '향신료의 어머니'라 불린다. 월계수는 잎을 뺀 나머지 부분에 독성이 있으므로 잎만 식용할 수 있다. 모든 고기 요리에 사용할 수 있으며, 쌀독에 말린 월계수잎 2~3장을 넣어 두면 벌레가 생기지 않는 천연방충제이다.

정향 clove

정향은 유일하게 꽃봉오리를 쓰는 향신료로서, 향신료 중에서 맛과 향이 가장 강하다. 서양요리에서 햄을 구울 때나 채소피클을 담글 때 주로 사용한다.

파슬리 parsley

향신료 중에서 풀냄새가 가장 진하다. 비타민 A와 C, 철·칼슘·마그네슘이 풍부하며, 살균 작용을 하는 엽록소도 풍부하다. 파슬리 잎을 맛국물에 넣으면 색이 탁해지고 향이 지나치게 강해지므로 줄기를 사용한다. 파슬리 줄기는 향신료로 탁월하다는 평가를 받는다.

후추 pepper

동서양에서 가장 많이 사용하는 향신료로, 짜릿한 매운맛과 자극적인 향이 특징이다. 말린 후추는 흰색, 검은색, 초록색, 분홍색으로 종류가 다양하다. 검은 후추는 매운맛이 강하지만, 흰색 소스나 생선 요리에 주로 쓰는 흰색 후추는 맛이 순하고 향이 약한 편이다. 분홍색 후추는 매운맛보다는 향이 더 강하고, 녹색 후추는 고기와 같은 고단백 음식의 소화를 돕는 성분을 포함하고 있으며, 살균 효과가 있어 햄과 소시지 같은 가공식품에도 널리 사용된다.

몸에 좋은 장아찌 만들기

맛국물(육수) 만들기

장아찌를 만들 때 물 대신 맛국물(육수)을 넣고 식재료에 따라 선별해서 쓰면 감칠맛을 낼 수 있다. 특히 간장이나 젓국으로만 담글 경우 염도가 높아지는데, 맛국물을 섞으면 맛도 좋아지고 영양도 보충되면서 짠맛도 조절할 수 있다.

기본 맛국물을 만들어 놓으면 모든 장아찌에 간편하게 이용할 수도 있다. 조금 더 신경 써서 맛국물을 재료에 따라 분류해 만들어 놓으면 훨씬 더 재료의 개성을 살리는 장아찌를 만들 수 있다. 예를 들어 전복장·새우장·북어장아찌 등의 해조류에는 조개 맛국물을, 취나물·민들레·냉이 등의 산야초에는 다시마 맛국물을, 피클에는 맹물을 넣는 것이 더 좋은 배합이다.

기본 맛국물 만들기

1 재료를 준비한다. 물 10컵(2 *l*), 다시마 사방 10*cm* 크기 1장, 양파 1/2개, 마늘 8쪽, 북어 대가리 1개, 마른 표고 2개, 무 60g, 대파 1뿌리, 감초 1조각.
2 준비된 재료를 냄비에 담고 찬물을 부어 뚜껑을 열고 센 불에서 끓이다가 끓어오르면 5분 뒤에 다시마를 건져 내고 중불에서 20분 정도 더 끓인다.
3 맛국물을 체로 거르거나 면포에 밭쳐 국물만 받아 두었다가 사용한다.
4 며칠 동안 냉장 보관하며, 오래 두려면 냉동 보관해야 한다.

달임장 재료와 비율

맛에는 정답이 없다. 사람마다 선호하는 맛이 다르고 신맛, 단맛, 짠맛을 느끼는 맛의 강도 차이가 있기 때문이다. 이 책을 기본으로 식초, 설탕, 소금의 양을 가감하여 자기만의 레시피를 만들어야 자기 입에 맞는 맛있는 장아찌를 즐길 수 있다. 달임장의 간장이나 소금, 식초, 설탕은 한 번에 넣지 말고 입맛에 맞게 조절해 가면서 넣어야 한다.

간장 장아찌
간장 : 식초 : 설탕 : 맛국물(물)의 비율 = 2 : 1 : 1 : 1
기본적으로 가장 많이 사용하는 비율이다.

재료의 향이 강한 채소
간장 : 식초 : 설탕 : 맛국물(물)의 비율 = 2 : 2 : 1 : 2

맛이 담백한 채소
간장 : 맛국물(물) : 설탕의 비율 = 1 : 2 : 1

현미 식초는 산도가 낮으므로 조금 더 넣는다. 이 책에서는 현미 식초, 양조간장, 조선간장(국간장, 조청 - 시판용)을 사용했다. 가정의 조선간장은 염도가 저마다 다르므로 상황에 따라 조절하는 것이 좋다.
맑은 색의 장아찌를 원한다면 간장을 줄이고, 소금을 간장 분량의 1/4~1/5 정도로 한다.

장아찌는 온도에 따라 염도를 조절해야 변패를 막을 수 있는데 기온이 높을수록 소금이나 간장의 양을 늘려야 한다. 이 책의 레시피는 냉장고에 보관하는 것을 기준으로 한다.
오래 두려면 2~3회 끓여서 부어야 하는데 달임장에 맛국물(물)을 붓고 끓여야 염도가 조절된다.

저염 발효

장아찌는 장에 담가 숙성시키는 만큼 염도가 문제일 수 있다. 짠맛과 식초의 신맛은 미생물 번식을 막는 중요한 역할을 한다. 채소에 들어 있는 칼륨이 소금의 나트륨 피해를 낮춰 주지만 먹을 만큼만 꺼내어 씻거나 우려내어 삼삼하게 양념해 먹는 것이 좋다.

장아찌에 쓸 채소는 소금에 절이거나 끓는 물에 데치거나 햇볕에 말리는 등 수분을 줄여야 오랫동안 보존할 수 있다. 기본적으로 소금에 절여 물기를 빼는데 무나 오이는 소금을 3~4% 뿌려서 절인다. 고사리나 두릅 등은 끓는 물에 살짝 데쳐 꾸덕꾸덕하게 말려서 쓴다. 재료에 따라 수분 함량이 적은 것은 전처리를 하지 않고, 그대로 장이나 식초에 절여 만들기도 한다.

예전에는 계절이 지나 버리면 다시 1년을 기다려야 같은 채소를 얻을 수 있었으므로 한 번에 많은 양의 장아찌를 담갔다. 냉장 시설 없이 장기간 보존하기 위해 세 번 정도 달임장을 끓여 부어야 하는 수고로움이 필요했다. 변패는 막을 수 있지만 끓일 때마다 수분이 증발되어 짠맛이 증가하는 점과 색이 점점 진해져서 마지막엔 시커멓게 변하는 것이 문제였다.

요즈음은 대부분의 채소가 계절에 관계없이 생산되고, 식생활의 서구화와 외식문화 발달, 핵가족화로 조금씩 담가 먹는 것이 추세다. 달임장은 한 번 정도만 끓여 붓되 반드시 냉장 보관하여 짜지 않고 오래 두지 않아도 되는 장아찌를 만들어 먹는다.

미강(쌀겨), 포도주, 향신료, 고추씨, 강황 가루, 겨잣가루, 고추냉이 가루 등을 사용하면 소금을 적게 쓰면서 세균 번식으로 인한 부패를 막을 수 있다.

저염을 돕는 이색 절임법

소금을 조금만 쓰거나 전혀 쓰지 않고도 절임 식품(장아찌나 피클)을 만들 수 있다. 소금을 넣지 않은 것은 소금을 넣은 것에 비해 보존 기간이 짧으므로 양을 적게 한다. 소금을 전혀 넣지 않은 것보다는 조금이라도 넣는 편이 좋은데, 저염 절임은 물 1l에 소금 5~10g 정도가 적당하다(약 1%). 어둡고 시원한 실온에서 시큼하게 숙성되면 반드시 냉장 보관해야 한다. 요즘은 김치냉장고가 냉장 보관에 큰몫을 하므로 저염이나 소금을 넣지 않는 절임 방법을 시도해 볼 만하다.

미강(쌀겨) : 미강 + 물 + 다시마 + 된장 + 소금 + 채소 2~3가지

된장을 푼 소금물에 쌀겨를 넣어 된장 정도의 되직함으로 반죽한 것에 채소를 넣어 서서히 발효시키는 방법이다. 본문 96쪽의 '노각장아찌', 본문 108쪽의 '채소미강절임'을 참고한다.

요구르트 : 요구르트 + 천일염 + 채소 2~3가지

요구르트의 유산균과 소금의 염화나트륨이 만나 염장 시 수분이 빠져나오는 것을 방지하여 촉촉한 식감을 돋우는 즉석 절임 방법이다. 본문 100쪽의 '청경채소금요구르트절임'을 참고한다.

강황

강황은 생강과에 속하는 식물이다. 커큐민의 원료 식품으로 방부 작용이 뛰어난 것으로 알려져 있다. 달임장이나 피클 시럽의 재료를 끓여 한 김 나가게 한 뒤 따뜻할 때 강황 가루를 멍울 없이 풀어 장아찌나 피클에 붓고 숙성시키는 방법이다. 본문 56쪽의 '마늘강황피클'을 참고한다.

겨잣가루

겨자에는 부패 방지 작용이 있고, 류머티즘과 신경통 등에 효과가 있다. 피클 시럽 재료를 한데 넣고 끓여서 한소끔 식힌 뒤 겨잣가루를 멍울 없이 풀어 장아찌나 피클에 붓고 숙성시키는 방법이다. 본문 84쪽의 '양파겨자피클'을 참고한다.

고추냉이 : 고추냉이 가루 + 생강

무, 배추, 감자 등 향이 강하지 않은 채소를 고추냉이와 생강즙, 배즙에 주물러 충분히 향과 색이 배게 하는 방법이다. 본문 64쪽의 '무말랭이고추냉이장아찌'를 참고한다.

미소(일본 된장) : 미소 + 플레인 요구르트 + 소금

미소와 플레인 요구르트, 소금을 섞어 준비된 채소를 버무려 실온에서 일주일 정도 숙성시킨 후 냉장 보관한다. 본문 98쪽의 '우엉미소장아찌'를 참고한다.

고추씨 : 맛국물 + 다시마 + 고추씨

맛국물, 다시마, 고추씨를 넣고 끓여서 체에 걸러 내거나 면포에 싸서 장아찌 용기에 넣고 숙성시키는 방법이다. 본문 182쪽의 '꼬시래기장아찌'를 참고한다.

다시마(해초)

소금 대신 다시마나 해초를 우려내어 그 물로 절이는 방법이다. 품질 좋은 다시마 30g을 가위로 잘라 뜨거운 물에 30분 정도 불린다. 해초만 건져 잘게 썬 채소와 섞은 뒤 용기에 꾹꾹 눌러 담는다. 그 위에 채소가 완전히 잠길 때까지 해초 불린 물을 충분히 붓고 누름돌로 눌러 실온에 두었다가 냉장 보관한다.

포도주

사계절 구할 수 있는 양배추나 제철 채소를 잘게 썰어 용기에 눌러 담고 재료가 거의 잠길 정도로 포도주를 붓고 누름돌로 눌러 실온에 둔다. 수분이 나와 포도주액에 채소가 잠기게 되는데, 1주일 정도 지나면 냉장 보관해 두고 먹을 수 있다. 소금을 넣지 않으면 채소(양배추)가 연해지고 소금을 조금 넣으면 아삭한 맛이 살아난다. 술 냄새가 거북하면 물에 헹구어 양념해 먹는다.

설탕 줄이기 : 감초, 조청, 매실액으로 단맛 내기 & 향신료 사용

조청

우리 전통 감미료로, 곡류의 전분을 맥아로 당화시켜 오랫동안 끓여 농축한 것으로 농도가 짙고 색도 진하다. 찹쌀·멥쌀·옥수수·수수·고구마 등을 주로 사용하는데, 찹쌀은 다른 곡류에 비해서 점성이 크며 적은 양으로 단시간에 당화시킬 수 있어 색과 맛이 좋다. 수분 함량은 꿀과 비슷한 18% 정도이다.

감초

맛이 달아 '감초^{甘草}'로 불리는데 맛국물을 끓일 때나 달임장을 끓일 때 사용하면 설탕의 사용량을 줄일 수 있다. 그러나 많은 양을 넣으면 감초의 독특한 향이 채소 고유의 맛과 향을 가릴 수 있다.

'약방의 감초'라는 속담처럼 모든 한약 처방에서 체질에 상관 없이 독성을 풀고, 세균으로 인한 독을 중화시키는 약재로 사용된다. 감초는 생으로 먹는 것보다 가공 또는 가열 처리하여 먹는 것이 더욱 효과적이다. 전립선암과 유방암 예방 효과가 인정됐으나 장기간 복용하면 저칼륨혈증성 마비 증상이 올 수도 있으니 피하도록 한다.

향신료

피클을 담글 때 쓰는 향신료 피클링스파이스에는 흑후추와 겨자씨, 딜 등 여러 향신료가 섞여 있어 감칠맛을 살려 준다. 통후추를 넣으면 매콤한 맛과 향을 낼 수 있으며 청양고추, 울금, 겨잣가루, 마른 고추, 고추씨, 마늘, 생강 등을 넣을 경우 주재료와의 조화에 따라 맛과 향이 달라진다.

2가지 주재료의 배합으로 색다른 맛을 내는 장아찌

배추 + 당근 + 무
배추가 당근과 무채를 소로 품고 있어 썰어 놓으면 김밥처럼 곱게 보이고 맛은 백김치와 비슷하다.

무삼색장아찌
자연에서 얻은 식재료를 이용한 삼색 무장아찌이다.
치자 → 노란색, 비트 → 붉은색, 무 → 흰색

오이깻잎장아찌
오이 속을 둥글게 파낸 것에 깻잎에 채 썬 풋고추를 넣고 돌돌 만 것을 오이 속에 다시 채워 넣은 장아찌이다. 오이의 아삭한 맛과 깻잎의 독특한 향이 새콤달콤함에서 깨어난다.

김장김치(동치미무, 알타리무김치)장아찌
겨우내 먹고 남은 김장김치를 활용한다.

양파 + 비트

비트의 붉은색이 양파에 물들어 아름다운 색깔이 돋보이는 장아찌이다.

우엉 + 호박고지 + 미소

우엉과 당근은 단단한 채소로서, 호박고지를 불리지 않고 씻어 뻣뻣한 상태로 미소(일본 된장)와 플레인 요구르트에 절여 이를 단단한 채소와 비슷한 기간 동안 숙성하도록 한 것이다.

해파리 + 톳

해파리만의 밋밋한 색에 톳으로 포인트를 준 장아찌이다.

장아찌와 피클을 더욱 맛있게 만드는 방법

1 간장을 기본으로 한 장아찌는 간장과 조선간장, 간장과 소금, 액젓과 간장, 액젓과 소금 등 2가지를 섞어야 깔끔한 짠맛이 난다. 간장으로만 간하면 색깔이 진하고 간장 특유의 잡냄새가 날 수 있으니 여러 가지 향신 채소를 넣고 끓인 뒤 식혀서 붓는다.

2 장아찌는 한 가지 장으로만 담글 수도 있지만 간장에 넣었던 것을 고추장이나 된장에 넣고, 된장에 넣었던 것을 고추장에 다시 넣기도 한다.

3 고들빼기·머윗잎·마늘·풋고추·풋감 등 쓴맛이나 매운맛, 떫은맛이 강한 재료, 칡잎·망개잎·뽕잎 등의 뻣뻣한 채소는 소금물에 담가 삭혀서 담근다.

4 장아찌 위에 하얀 이물질이 생겼다면 이물질을 걷어 내고 국물만 끓인 후 식혔다가 다시 붓는다. 대부분의 경우 문제가 없으니 전체를 버릴 필요는 없다.

5 장아찌는 누름돌(끓는 물에 삶아서 물기를 말린 돌이나 접시 등 무거운 것)로 눌러서 재료가 장물 위로 올라오지 않게 한다. 재료가 공기에 노출되면 하얀 우거지가 생기고 변패의 원인이 된다.

6 채소를 먹기 좋은 크기로 썰어서 담그면 맛이 빨리 드는 대신 색이 검어지고 간이 짤 염려가 있으므로 약간 싱겁게 담근다.

7 장아찌가 지나치게 짜면 물에 헹구어 양념하여 먹는다. 짠맛이나 쓴맛을 줄이려면 물에 헹구고 물기를 짜서 물엿을 넣고 주물러서 잠깐 두었다가 먹는다. 신기하게도 짠맛과 쓴맛이 빠져나온다.

8 장아찌용 저장 용기는 입구가 넓은 것보다는 좁은 것이 좋다. 공기 접촉면이 줄어들 뿐더러 장물이나 피클 국물이 적어도 재료가 잠길 수 있기 때문이다.

9 장아찌 양이 적고, 저장 용기와 누름돌이 없고, 냉장고 공간이 비좁다면 지퍼 백에 넣는다. 새지 않게 잘 닫아야 하고, 2~3일에 한 번씩 위아래의 위치를 바꿔 주면 재료가 장물에 골고루 잠긴다.

10 장아찌를 담근 뒤에 기본적으로 실온 숙성 시간이 필요하다. 이 기간에 따라 먹는 시기도 달라진다. 재료에 따라 다르지만 일반적으로 여름에는 몇 시간~하루, 봄에는 2~3일 정도 실온에 두었다가 달임장을 따라 내어 끓여서 식혀 붓고 냉장 보관한다.

11 낮은 온도에서 서서히 숙성시켜야 좋은 맛이 난다. 여름철이나 온도가 높은 장소에 보관하면 발효 속도가 훨씬 빨라지며, 그렇게 되면 조직이 물러지고 발효 냄새가 좋지 않다.

12 피클을 만들 때는 식감 즉, 물러지는 속도가 비슷한 채소끼리 조합해야 맛있게 먹을 수 있다.

13 물러지기 쉬운 깻잎 같은 잎채소나 토마토, 올리브 등은 저장성이 떨어지므로 만들어서 바로 먹는 피클로 이용한다.

14 오래 두고 먹을 피클을 만들 때, 채소는 천일염에 절이거나 끓는 물에 살짝 데치는 것이 좋다. 효소의 활동이 억제되어 저장성이 높아진다.

15 단단하거나 수분이 많은 채소는 피클 시럽을 뜨거울 때 붓고, 조직이 여린 채소는 피클 시럽을 차게 식혀서 부어야 식감이 아삭하다.

16 장아찌를 먹고 남은 국물로 또다른 장아찌를 담그거나 새콤달콤한 양념장으로 활용한다. 예를 들어 양파·마늘·고추장아찌 국물에 깻잎을 넣는 식이다.

17 피클 국물은 채소나 과일을 갈아 먹을 때 섞으면 훌륭한 주스가 된다. 오일피클에 사용한 오일(예 : 토마토치즈오일피클)을 볶음, 샐러드, 무침에 사용하면 향과 맛이 색다르다.

장아찌(피클) 만드는 과정

생절임장아찌 만드는 법

1. 저장 용기 살균

열탕 소독 _ 저장 용기의 가장 안전한 소독법은 물에 끓이는 열탕 소독이다. 가열하지 않는 식재료를 이용하거나, 장기간 보관할 때 좋다. 찜기에 병을 엎어 놓고 뚜껑까지 증기로 소독하여 완전히 물기를 제거한 후 사용한다.

알코올 소독 _ 냄비에 넣을 수 없는 큰 병은 소주 같은 알코올 도수가 높은(35% 이상) 증류주나 식품용 알코올로 닦아 낸다.

2. 재료 준비

생채소 그대로 담글 것은 적당한 크기로 자르고, 쓴맛이 많이 나는 씀바귀나 고들빼기 등은 소금물에 삭힌다. 수분이 많은 재료는 소금이나 간장에 절이거나, 살짝 데쳐서 물기를 뺀 뒤에 꾸덕꾸덕하게 말려 미리 준비한다.

3. 장아찌물, 피클 시럽(피클물) 만들기

원하는 배합의 장아찌물과 피클 시럽을 만든다. 물 대신 맛국물(육수)을 넣으면 깊은 맛을 낼 수 있으나 간편한 것을 원하면 물을 넣는다. 장물은 오래 끓이지 않아야 짜지 않고, 식초의 신맛이 날아가지 않는다.

4. 저장 용기에 재료를 넣고 달임장 붓기

장아찌의 달임장은 식혀서 붓고 2~3일 지나서 다시 끓여서 식혀 부어야 변패되는 것을 막을 수 있다. 피클 시럽은 끓여서 식혀 붓거나, 끓이지 않고 부은 상태라도 괜찮다. 상온에서 1~2일 숙성시킨 뒤에 냉장 보관한다. 장아찌 달임장이나 피클 시럽은 끓여서 식혀 부어야 재료에서 아삭한 식감이 난다.

5. 밀봉하여 숙성하기

장아찌는 오랫동안 저장해 두고 먹는 식품이므로 뚜껑 부분을 밀봉한다. 이때 병에 이름과 만든 날짜를 적어 둬야 한다. 보관할 때는 서늘한 곳에 두어야 물컹해지지 않고 간도 서서히 배어들어 맛이 좋아진다.

숙장아찌 만드는 법

1. 재료 준비

재료와 양념을 준비한다.

2. 재료 썰기

요리에 맞는 크기로 자른다.

3. 재료 볶기

쇠고기와 주재료를 곱게 채 썰어 양념하여 볶는다.

4. 완성하기

준비한 재료를 참기름, 깨소금을 넣어 무쳐 담아 낸다.

묵은 배추김치(총각김치)를 우려내어 장아찌 만드는 법

1. 재료 준비

묵은 배추김치를 헹구어 물기를 짠다.

2. 물기 제거

물에 씻은 김장김치를 채반에서 꾸덕꾸덕 말린다.

3. 달임장 만들어 붓기

맛국물에 액젓과 조청을 넣고 끓여서 식힌 후 붓는다.

4. 숙성시켜 먹기

알맞게 숙성시킨 뒤 먹을 만큼의 분량을 꺼내어 그대로 먹거나 입맛에 맞게 양념하여 먹는다.

장아찌나 피클의 색 곱게 내는 방법

치자 → 노란색 치자물

치자 열매를 부수어 물에 담가 두면 노란 치자물이 우러나온다. 뜨거운 물을 부어 우려내거나 끓이면 더 빨리 색이 우러나고, 짙을수록 노란빛에 붉은 기운이 들어간 주황색으로 된다.

치자나무 열매는 크로신crocin과 크로세틴crocetin이라는 황색 색소를 가지고 있어서 오래전부터 무공해 천연 염료로 사용되었다. 각종 전 등의 전통 음식의 색깔을 내는 데 필수 재료였고, 삼베와 모시 등의 옷감과 종이, 한방 약재로 이용되었다.

비트 → 붉은색 비트물

강렬한 붉은색을 내는 비트를 잘라 물들이고 싶은 채소에 함께 넣는다면 붉은색을 얻을 수 있다. 강력한 항산화제인 베타시아닌betacyanin이 들어 있어 혈액을 맑게 할 뿐만 아니라 항암 효과도 가지고 있다. 채소용 비트는 종에 따라 검은색, 짙은 붉은색, 흰색 등을 띠는데, 원뿌리를 요리해서 먹기 위해 재배한다. 흔히 통조림으로 만들고, 절임이나 향신료로 쓰기도 하며, 새콤달콤한 소스를 만드는 데도 쓰인다.

생활 속 장아찌 활용법

쌈장, 김밥 등의 특색 있는 먹거리 재료로 이용하기

식초와 단맛 나는 재료를 배합하여 짠맛을 줄이고 아삭하게 씹히는 질감이 좋은 장아찌는 감칠맛과 짭짤함이 입맛을 살리고 쉽게 상하지 않아 오래 두고 먹을 수 있다. 또한 장아찌 자체를 다시 식재료로 활용하여 특색 있는 요리를 만들 수도 있다. 마늘장아찌나 전복장아찌를 곱게 다져 넣은 쌈장, 매실장아찌를 얹은 샐러드, 단무지 대신 나물장아찌를 넣은 김밥, 넓은잎 채소를 쌈으로 사용하는 장아찌 쌈밥, 다양한 장아찌를 고명으로 얹은 비빔밥, 그리고 장아찌를 밀가루나 쌀가루와 섞어 노릇노릇 지진 장아찌전 등 마음 먹은 대로 만들 수 있는 요리가 많다. 집에서 직접 담근 귀한 장아찌로 만드는 이색 요리는 입맛을 잃었거나 갑자기 찾아온 손님 밥상을 차릴 때 요긴하게 활용할 수 있는 음식이다.

장아찌를 이용한 별미 요리(본문 198~212쪽 참고)

귀한 음식 선물로 활용하기

제철에 나는 식재료를 손질하여 장아찌를 담가 두면 고마운 마음을 표현하는 선물로 활용할 수 있다. 값비싼 선물도 좋지만 마음을 표현하는 가장 정성스러운 방법이다. 연세 드신 어른에게 약초나 해산물로 담근 장아찌는 추억을 떠올리는 전통의 맛으로, 맵고 짠 것을 먹지 못하는 어린이에게 채소나 과일로 담근 피클은 싱그런 자연의 맛으로 남을 것이다.

농업인들도 옛 손맛을 살리면서 소비자의 취향에 맞는 장아찌를 만들어 자신이 생산한 농산물의 부가가치를 높이고 있다. 대표적인 것이 곰취장아찌나 명이나물장아찌이다. 잘 숙성된 고추장에 묻어 숙성시킨 매실·굴비·감 장아찌 등은 정성 담긴 명절 선물로도 인기가 많다.

장아찌 선물 포장하는 법

장아찌 선물 포장은 어렵지 않다. 속이 보이는 유리병을 소독한 뒤 물기를 없애고 정성껏 담으면 된다. 다 담은 뒤에는 국물이 새지 않는지 확인한 뒤 리본으로 묶거나 투명한 포장지로 감싸서 리본을 맵시 있게 잡아 주면 된다. 장아찌나 피클을 만들 때 선물할 것을 염두에 두고 색의 조화를 고려하여 담그면 훨씬 고급스런 효과를 낼 수 있다. 많은 양을 선물하기보다는 서너 번 먹을 수 있는 양 정도가 좋다.

제철에 흔한 채소를 소금에 절이거나 꾸덕꾸덕하게 말려 간장이나 고추장, 된장, 식초 등에 넣어 오래 저장해 두면 세월의 깊은 맛이 난다. 철 따라 나오는 채소로 장아찌를 만들어 두면 입맛이 떨어졌을 때 식욕을 돋우고, 손님이 갑자기 찾아왔을 때도 특색 있는 한 끼 밥을 대접할 수 있는 바탕이 된다.

채소로 만드는
장아찌 & 피클

가지표고장아찌

가지는 4~8월이 제철, 장아찌 숙성 기간은 2~3일

가지 | 표고

칼로리는 낮고 항암 효과가 큰 식재료

가지 100g당 칼로리는 16kcal , 수분이 94%로, 영양면에서 그리 주목받지 못하다가 현대에 와서 암을 억제하는 알칼로이드, 페놀 화합물, 클로로필, 안토시아닌 성분이 주목받으면서 항암 식품으로 인식되고 있다. 중국의 고전 의서 《본초강목》에 피를 맑게 하고, 통증을 완화하고, 붓기를 빼 주는 식품으로 소개되어 있다.

표고에는 다시마의 글루탐산, 참치의 이노신산과 더불어 음식의 3대 맛성분으로 일컬어지는 구아닐산guanylic酸이 풍부하다. 맛을 내는 최고의 식재료인 표고의 레시틴 성분은 혈액의 흐름을 막는 유해한 콜레스테롤을 제거하는 효능이 있어 혈중 콜레스테롤 수치를 내려주고 각종 심혈관질환을 예방해 준다.

- **재료 선별과 손질법** _ 표고버섯은 갓 표면이 갈색을 띠고 거북이 등처럼 갈라져 있으며 기둥은 굵고 짧은 것이 좋다. 마른 표고버섯은 미지근한 물에 설탕을 조금 넣고 불린 뒤에 밑동을 잘라 내고 물기를 짠다. 생표고버섯은 요리 직전에 가볍게 씻어서 요리한다. 미리 씻어 두면 수분을 흡수해서 맛이 덜하다.
- **만들기 포인트** _ 표고버섯장아찌를 무칠 때 마늘이나 생강처럼 향이 강한 양념은 넣지 않는 것이 좋다.
- **다른 요리** _ 가지무침, 가지볶음, 가지전 / 표고버섯장조림, 표고버섯전, 표고버섯밥, 표고버섯볶음, 표고버섯차

만드는 법

재료 마른 가지 100g, 마른 표고(채 썬 것) 100g, 청주 2큰술
달임장 맛국물 2.5컵, 간장 1.5컵, 설탕 1컵, 식초 1/2컵, 마늘 3톨, 마른 고추 1개, 청주 2큰술

만드는 법

1 가지와 표고버섯을 물에 가볍게 헹군 뒤, 청주를 넣은 맛국물에 담가 조물조물 씻어서 물기를 꼭 짜 저장 용기에 담는다(생표고버섯은 끓는 소금물에 잠깐 넣어 숨만 죽인다).
2 달임장 재료를 한데 넣고 끓여서 식혀 가지와 버섯에 부은 뒤 누름돌로 눌러 실온에서 보관한다. 2~3일 후에 장물만 따라 내어 끓여서 식혀 붓고 냉장 보관한다. 부드러워 바로 먹을 수 있지만 2~3일이 지나야 맛이 제대로 든다.
3 숙성이 다 되면 먹을 만큼씩 꺼내어 그냥 먹거나 양념하여 먹는다.
   Tip 한 달 뒤에 장아찌를 체에 밭쳐 물기를 빼고 고추장에 박아 1~2개월 숙성시키면 고추장장아찌가 된다.

감자장아찌

제철은 6월 장마 전, 장아찌 숙성 기간은 2~3일

감자

세계인의 주식에서 천연 화장품 원료로 재발견

감자는 세계에서 네 번째로 많이 생산되는 곡물로, 고구마와 함께 대표적인 구황작물救荒作物이었으며, 오늘날에는 대표적인 간식거리이다. 주성분은 탄수화물이며, 철분, 칼륨, 마그네슘 같은 중요한 무기질과 비타민 C, 비타민 B 등을 함유하고 있다. 함량이 사과의 6배에 달하는 비타민 C는 피부에도 좋지만 스트레스를 줄이고 면역력을 강화하는 작용을 한다. 또한 감자는 멜라닌 색소 형성을 억제하여 화장품 원료로 쓰이며, 비교적 낮은 온도에서도 부드러워지는 특성을 지닌 감자 전분은 친환경 일회용품 소재로 활용되고 있다.

- 재료 선별과 손질법 _ 껍질이 얇고 주름이 없으며 단단하고 속살이 노란 밭감자가 맛있다. 고를 때는 눈 자국이 깊지 않고, 울퉁불퉁하지 않으며 둥근 것을 고른다. 흙이 묻어 있는 것이 햇감자일 가능성이 높다. 껍질이 녹색을 띠는 것은 아린맛이 강하므로 피한다. 싹이 나오거나 주름진 것은 묵은 것이다. 감자 싹에는 솔라닌solanine이라는 독성 물질이 들어 있으므로 싹이 난 부위를 말끔히 도려낸다.
- 만들기 포인트 _ 감자를 얄팍하게 썰어 뜨거운 소금물에 살짝 데쳐 이틀 정도 꾸덕꾸덕하게 말려서 달임장을 붓기도 한다. 채 썬 감자는 양념이 쉽게 배어들어 빨리 맛이 들지만 오래 두고 먹을 수는 없기 때문에 조금씩 담가 먹어야 한다.
- 다른 요리 _ 감자조림, 감자샐러드, 감자잡채, 감자튀김, 감자빈대떡, 감자탕, 크로켓

만드는 법

재료 감자 5개, 마른 고추 1개, 생강 1톨
달임장 간장·맛국물·식초 각 1컵, 매실청 2큰술, 조선간장 1/2컵, 계피 1조각

만드는 법
1. 감자는 옆에 냉수를 준비해 놓은 상태에서 곱게 채 썬 뒤 바로 냉수에 담가 전분기를 뺀다.
2. 생강은 껍질을 벗겨 편으로 썬다.
3. ①의 감자채를 키친타월에 올려 물기를 빼 놓는다.
4. 저장 용기에 물기를 뺀 감자채, 마른 고추, 생강을 넣는다.
5. 달임장 재료를 한데 넣고 끓인 뒤 ④에 붓는다.
6. ⑤의 달임장이 식으면 계피를 건져 내고 뜨지 않게 누름돌로 눌러 준다. 실온에 하루 정도 두었다가 냉장 보관한다. 2~3일이 지나면 맛이 든다.

고구마장아찌

8~10월이 제철, 장아찌 숙성 기간은 일주일

고구마

달콤하고 부드러운 맛으로 포만감을 극대화하는 다이어트 식품

고구마는 탄수화물이 많아 구황작물로 재배되어 왔으며, 섬유질이 풍부하여 대장 운동을 활발하게 하는 건강 식품으로 각광받고 있다. 생고구마를 잘랐을 때 나오는 하얀 진액인 '야라핀' 성분이 변비에 매우 효과적이다. 잎자루는 나물로 먹고, 뿌리 덩이인 고구마는 굽거나 쪄서 먹고, 전이나 튀김 요리를 하며, 엿을 달이고 알코올의 제조 원료로도 많이 쓴다. 물고구마, 밤고구마, 자색고구마, 호박고구마 등이 있다.

- **재료 선별과 손질법 _** 갓 캐낸 고구마 껍질은 선명한 붉은색으로 껍질에 윤기가 나고 표면이 매끄러운 것이 좋다. 길쭉한 것은 섬유질이 많아 말랑하고, 둥글둥글한 것은 전분이 많아 밤맛이 난다. 흙을 털어 내고 깨끗이 씻은 뒤 용도에 따라 썰어서 사용한다. 껍질을 벗겨서 그대로 두면 표면이 검게 변하는데 엷은 설탕물에 담가 두면 색이 변하지 않는다.
- **만들기 포인트 _** 고구마의 물기를 제거하지 않으면 수분이 많이 나와 변패의 원인이 되고, 바싹 말리면 딱딱해져서 식감을 찾기 어렵다.
- **다른 요리 _** 고구마크로켓, 고구마샐러드, 고구마피자, 고구마탕, 고구마떡, 고구마전, 고구마튀김, 고구마케이크

만드는 법

재료 고구마 3개(600g) **데침물** 물 6컵, 천일염 1/2큰술
달임장 맛국물 1컵, 간장 1/2컵, 조청 1/2컵, 설탕 1컵

만드는 법

1. 고구마는 씻어서 껍질을 벗겨 0.5cm 두께로 둥글게 썬다.
2. 물에 천일염을 넣고 끓어오르면 고구마를 살짝 데친 뒤 채반에 펼쳐 하루 정도 꾸덕꾸덕하게 말린다. 찐 고구마 600g을 꾸덕하게 말리면 무게가 반으로 준다.
3. 달임장 재료를 한데 넣고 끓여서 식힌다.
4. 고구마를 면주머니나 양파망에 넣고 저장 용기에 넣은 뒤 달임장을 붓고 누름돌로 눌러놓는다.
5. 2~3일에 한 번씩 장물만 따라 내어 끓여서 식혀 붓고 냉장 보관한다. 일주일 정도 지나면 먹을 수 있다.

풋고추장아찌

풋고추가 가장 맛있는 때는 7~8월, 장아찌 숙성 기간은 20일

풋고추

여름철 스트레스 해소에 효과

'청고추'라고도 부르는 풋고추는 완전히 익지 않은 상태의 푸른 고추로, 날것으로 된장에 찍어 먹거나 찌개의 양념, 장아찌, 부각 등에 이용된다. 풋고추에는 비타민 C가 오렌지의 3배 정도 들어 있어 항산화 효과가 크고, 면역력 증가, 성인병 예방에 도움이 된다. 또한 비타민 A는 호흡기 질환에 대한 저항력을 증가시키고, 점막을 튼튼하게 만드는 데 좋다. 특히 고추의 매운맛은 기를 발산해 줌으로써 우울함과 스트레스를 해소하는 효과가 있다.

- 재료 선별과 손질법 _ 껍질이 두껍고 씨가 적은 것, 꼭지가 마르지 않고 팽팽하게 힘이 있는 것이 좋다. 크기가 작고 만졌을 때 단단한 것이 맵다. 고추는 벌레가 많은 채소로 농약 찌꺼기가 남아 있지 않도록 꼼꼼히 씻는다. 풋고추를 동글동글하게 썬 다음 물에 담가서 흔들면 씨가 대부분 떨어져 나간다. 풋고추의 모양을 통째로 살리면서 씨를 빼고 싶을 때는 가운데에 조금만 칼집을 넣어 숟가락으로 긁어낸다.
- 만들기 포인트 _ 오래 두고 먹을 것은 늦가을 서리가 내리기 직전까지 남아 있는 단단한 것으로 담근다. 바로 먹을 것은 썰어서 담그면 맛이 빨리 든다. 1단계인 초절임 이후 간장 없이 피클식으로 담가서 먹어도 좋다.
- 다른 요리 _ 풋고추전, 풋고추찜, 풋고추조림, 풋고추볶음, 풋고추튀김

만드는 법

재료 풋고추(청양고추) 30개(300g), 식초 3컵
달임장 설탕 1/2컵, 간장 1.5컵, 천일염 1/2큰술, 조청 1.5큰술

만드는 법

1. 풋고추를 흐르는 물에 깨끗이 씻어서 꼭지를 짧게 자른 뒤 키친타월로 물기를 완전히 제거한다.
2. 고추를 이쑤시개로 찔러 몇 군데 구멍을 낸다.
3. 저장 용기에 고추를 차곡차곡 담고 식초를 부은 뒤 누름돌로 눌러놓는다. 일주일간 서늘한 곳에 두면 매운맛이 순해진다.
4. ③의 식초를 따라 내어 달임장 재료와 한데 섞어서 끓인 뒤 식혀서 고추에 붓는다.
5. 2~3일 뒤에 장물만 따라서 끓였다가 식힌 후에 다시 부어서 냉장 보관하면 20일 이후에 먹을 수 있다.

깻잎된장장아찌

담가서 바로 먹을 수 있고, 오래 묵혀도 되는 장아찌

깻잎

독특한 향미를 가진 한국인의 암 예방 채소

깻잎은 들깨의 잎으로, 들깻잎을 먹는 민족은 우리 한국인밖에 없다고 한다. 우리 선조들은 들깻잎을 먹으면 속이 편해지고 숙취가 사라졌으며 벌레 물린 데나 종기에 찧어서 붙였다고 한다.

들깻잎에는 비타민과 칼슘, 철분이 많다. 풍부한 엽록소는 항산화 작용 및 세포의 돌연변이 억제 작용으로 항암 효과를 나타낸다. 또한 향기 성분인 페릴알데히드와 리모넨 등은 생선과 육류의 비릿한 냄새와 느끼한 맛을 없애주는 데 중요한 역할을 한다. 독특한 향미와 암 예방 기능을 가진 들깨와 들깻잎은 한국인을 위한 중요한 암 예방 식품이다.

- **재료 선별과 손질법 _** 깻잎은 중간 크기에 옅은 녹색을 띠고 벌레 먹지 않은 것을 고른다. 지나치게 어린잎은 풋내가 나고 향이 약하다. 너무 큰 것은 뻣뻣하여 장아찌나 저장용으로 적당하고 다른 채소보다는 질감이 연하므로 버리지 말고 먹는다.
  씻을 때는 식초나 소금물에 잠시 담갔다가 흐르는 물에 한 장씩 깨끗이 씻어서 탁탁 털어 채반에 엎어 놓으면 저절로 물기가 빠진다.
- **만들기 포인트 _** 전통적인 방법은 땅에 넣어 된장 밑에 묻어 두는 것이다. 된장박이는 서서히 맛이 스며들기 때문에 2~3개월 정도 지나야 먹을 수 있다.
- **다른 요리 _** 깻잎전, 깻잎나물, 깻잎찜, 고기나 생선의 쌈채용

만드는 법

재료 깻잎 8~10묶음(약 300g), 통마늘 3쪽, 생강 1톨, 청양고추 5개, 맛국물 1.5컵
장아찌 된장 맛국물 2컵, 된장 1컵, 조청 1/2컵, 소주 · 매실액 각 3큰술

만드는 법

1 깻잎은 씻어서 채반에 펼쳐 물기를 없앤다.
2 마늘과 생강은 얇게 편썰기 하고 청양고추는 채 썰어서 한데 섞어 놓는다.
3 장아찌 된장 재료를 한데 넣고 잘 섞는다.
4 깻잎을 3~4장씩 ③의 장아찌 된장에 적셔 저장 용기에 담고, ②의 양념을 한 켜씩 얹는다.
5 누름돌로 눌러 냉장 보관한다. 바로 먹어도 맛있고 숙성시켜 먹어도 좋다.

래디시피클

봄이 제철, 피클 숙성 기간은 5일

래디시

심은 지 20일이면 수확할 수 있는 예쁜 채소

'좀홍당무'로 불리는 서양 채소이다. 뿌리는 무 같지만 전체적으로 무보다 훨씬 작다. 뿌리와 잎은 식용하고 비타민과 단백질이 많아 약으로도 이용한다. 작고 동그란 뿌리의 빨간색 껍질과 흰 속살의 조화가 아름다워 음식 장식용으로 많이 이용되고, 식감이 아삭하며 즙이 많아 주로 샐러드에 넣어 먹거나 물김치 또는 초절임을 하여 먹는다. 무와 마찬가지로 디아스타아제라는 단백질 분해 효소가 들어 있어 고기를 먹을 때 샐러드로 곁들이면 좋다. 단백질, 지방, 당류, 섬유질, 비타민 B, 칼슘 등의 영양 성분이 골고루 들어 있다.

- 재료 선별과 손질법 _ 래디시는 유럽에서 전래된 무이다. 흰색, 빨간색, 윗부분은 빨갛고 아랫부분은 하얀 품종도 있는데 주로 샐러드용으로 사용된다.
뿌리는 작고 단단한 것이 좋고, 잎은 싱싱하고 선명한 녹색인 것을 고른다. 밑동이 지나치게 두껍거나 틈이 생긴 것은 좋지 않다.
- 만들기 포인트 _ 발효 식품을 만들 때는 미생물의 활동이 활발해지는 여름에는 미생물의 활동을 줄이기 위해 소금을 더 많이 넣고, 미생물의 활동이 느려지는 겨울에는 더 적게 넣는다.
- 다른 요리 _ 샐러드용

만드는 법

재료 래디시 20개

피클 시럽 물 4컵, 식초 2컵, 설탕 1컵, 시나몬스틱 2개, 월계수잎 3장, 통후추 1큰술, 소금 1작은술

만드는 법

1 래디시는 깨끗하게 씻어서 저장 용기에 담는다.
2 피클 시럽 재료를 한데 넣고 팔팔 끓여서 뜨거울 때 래디시에 붓는다.
3 ②가 식으면 냉장 보관해 두었다가 5일 뒤부터 먹는다.

마늘장아찌

5~6월에 햇마늘이 나와 1년 내내 저장해 두고 먹으며, 장아찌 숙성 기간은 1개월

마늘

우리나라 음식의 필수 양념

마늘은 우리나라 거의 모든 음식에 양념으로 쓰이는 중요한 식재료이며, 미국 국립암연구소에서 으뜸으로 꼽는 천연 항암 물질이다.

마늘의 대표적 성분인 '알리신'의 살균력은 '페니실린'의 100배에 달한다고 한다. 바이러스나 곰팡이, 대장균에 대한 살균 효과가 뛰어나 감기, 기관지염, 소장염, 대장염을 예방하는 효능이 있다. 실제로 500ml의 물에 마늘 한 알(4g) 정도를 으깨어 넣고 채소를 잠시 담가 두면 식중독균이 최대 93%나 줄어든다.

마늘은 혈액순환을 촉진하여 신체 면역 기능을 강화하고, 혈중 콜레스테롤을 낮추어 동맥경화를 억제하는 효과가 있다.

- 재료 선별과 손질법 _ 색이 하얗고 통통하며 묵직하고, 껍질은 얇고 붉은색을 띠며 잘 마른 것을 고른다. 겉껍질과 속껍질의 부착력이 강하며 알의 크기가 굵은 육쪽마늘이 좋다.
통마늘은 쪼갠 뒤에 한 톨씩 떼어 놓고 마른 겉껍질을 벗기고 지저분한 끝부분을 칼로 잘라 낸 다음, 물에 담가 문지르면서 속껍질을 벗기고 물에 씻은 후에 면포에 물기를 닦아 낸다.
- 만들기 포인트 _ 통마늘 장아찌는 햇마늘이 출하되는 5월 말에서 6월 초에 담그지만 알마늘 장아찌는 연중 조금씩 담가 먹는다. 깨끗한 색의 마늘장아찌를 원한다면 1차적으로 아린 맛을 제거한 후에 간장 대신 소금을 넣고 끓여서 식혀 붓는다.
- 다른 요리 _ 마늘술, 마늘엑기스, 마늘조청

만드는 법

재료 알마늘 3컵
우림물 식초 1컵, 물 1컵, 천일염 1큰술
달임장 간장 1컵, 설탕 1컵, 소금 1작은술

만드는 법
1 껍질을 깐 마늘을 깨끗이 씻어 마른 행주로 닦아 물기를 없앤 뒤 저장 용기에 담는다.
2 식초, 물, 천일염을 잘 섞어 마늘에 붓고 일주일 정도 두어서 아린 맛을 뺀다.
3 ②의 식초물을 따라 내어 달임장 재료와 한데 섞어서 끓인 뒤 식혀서 마늘에 붓는다.
4 2~3일 후에 장물만 따라 내어 끓여서 식혀 부은 뒤 누름돌로 눌러 1개월 이상 숙성시켜 먹는다.

마늘강황피클

피클 숙성 기간은 15일

강황

노란색이 고운 건강 향신료

강황은 생김새가 생강과 유사하며 뿌리를 쓰는 향신료이다. 뿌리줄기를 삶아 말려서 껍질을 벗겨 밝은 노란색의 가루를 만드는데, 가루에서는 신선한 후추 같은 냄새와 약간 자극적인 맛이 난다. 고대 문명에서는 명주나 무명 염색의 매염제, 현대에 와서는 카레의 색과 맛을 내는 향신료로, 겨자에 가미하는 착색제로 쓰인다.

- 재료 선별과 손질법 _ 집에서는 가루를 내기 어려우므로 분말을 구입하고, 공기에 노출되면 향이 쉽게 사라지므로 소량씩 밀폐 용기에 보관한다.
- 만들기 포인트 _ 강황(울금) 가루는 끓였다가 식힌 시럽에 멍울 없이 잘 풀어야 고유의 향을 살릴 수 있다. 같은 방법으로 셀러리, 당근, 순무, 오이, 무 등의 피클을 담가도 좋다.
  장아찌를 담가 둔 마늘이 녹색으로 변하기도 한다. 이를 마늘의 '녹변 현상'이라 하는데, 아미노산과 마늘의 알리신^{allicin}이 산소와 접촉하여 생기는 현상이다. 저장 기간이 긴 마늘에서 주로 발생하는데 식감은 약간 떨어지지만 독성은 없기 때문에 먹어도 문제없다.
- 다른 요리 _ 카레 · 단무지 · 겨자 착색제, 생선 요리, 육류 요리

만드는 법

재료 마늘 2컵, 피클링스파이스 1작은술
피클 시럽 물 1컵, 식초 1컵, 설탕 1/3컵, 소금 2작은술, 강황 가루 1작은술

만드는 법
1. 껍질을 깐 마늘을 깨끗이 씻어 마른 행주로 닦아 물기를 없앤 뒤 저장 용기에 담는다. 피클링스파이스도 함께 담는다.
2. 냄비에 강황 가루를 제외한 피클 시럽 재료를 넣고 팔팔 끓이다가 한 김 나간 뒤에 강황 가루를 넣는다.
3. ②의 피클 시럽을 식혀서 마늘에 붓고 실온에서 2~3일, 냉장고에서 보름 정도 숙성시켜 먹는다.

마늘종간장장아찌

5~6월 초가 제철, 장아찌 숙성 기간은 1개월

마늘종

마늘의 성분을 다 지니고 있으면서도 맛은 부드러운 채소

마늘종은 마늘의 부산물이지만, 마늘의 좋은 성분을 거의 다 지니고 있으면서 마늘보다 맛이 부드럽고 덜 자극적이다. 마늘종은 열량이 100g 당 51kcal에 불과하며, 마늘의 2배에 달하는 식이섬유(100g당 4.1g)를 함유하고 있다. 장내에서 소화되지 않는 식이섬유는 먹었을 때 금세 포만감이 들게 한다. 특히 '알린' 성분은 몸속에서 단백질과 결합해 '알리신'으로 변해 혈관 속에서 피를 엉기지 않게 하고 혈중 콜레스테롤을 감소시키는 역할을 한다. 이에 마늘종을 자주 섭취하면 좁아진 혈관이 주원인인 고혈압·하지정맥류 등의 질환을 예방할 수 있다. 마늘종의 혈관 청소 기능을 극대화하고 싶을 땐 데쳐 먹는 게 좋다.

- **재료 선별과 손질법 _** 굵기가 일정하고 단단한 것이 좋다. 끝부분의 꽃봉오리가 단단하게 닫혀 있어야 줄기가 연하다. 누렇고 줄기가 딱딱하면 오래된 것이다. 시든 부분을 다듬어 버리고 깨끗이 씻은 후에 물기를 빼서 적당한 크기로 잘라 음식에 이용한다.
- **만들기 포인트 _** 마늘종을 자르지 않고 돌돌 말아서 끓인 소금물에 식초를 섞어 식힌 후 돌로 눌러 놓는 방법도 있다. 완성된 마늘종장아찌를 건져서 간장물을 충분히 뺀 후에 고추장(된장) 밑에 넣고 숙성시키면 '마늘종고추장(된장)장아찌'가 된다.
- **다른 요리 _** 마늘종고추장장아찌, 마늘종볶음, 마늘종조림

만드는 법

재료 마늘종 300g **달임장** 맛국물 1/2컵, 간장 1/2컵, 조청 3큰술

만드는 법

1. 마늘종은 끝부분을 잘라 내고 씻어서 3~4cm 길이로 자른 뒤 채반에 펼쳐 꾸덕꾸덕하게 말린다.
2. 달임장 재료를 한데 섞어서 가볍게 끓여 식힌다.
3. 저장 용기에 ①의 마늘종을 담고 달임장을 부은 뒤 누름돌로 눌러 실온에 둔다.
4. 3~4일 뒤에 ③의 장물만 따라 내어 끓여서 식혀 붓고 바람이 잘 통하는 시원한 곳에 두어 한 달간 숙성시킨다.
5. 먹을 양만큼 덜어 내어 그대로 먹거나 양념에 무쳐 먹는다. 실온에 두면 빨리 숙성된다.

풋마늘간장장아찌

3~4월이 제철이지만 1월 중순부터 구입 가능, 장아찌 숙성 기간은 15일

풋마늘

춘곤증을 물리치는 매콤쌉쌀한 봄나물

풋마늘은 마늘이 땅속에서 굵어지기 전의 어린 잎줄기로, 생김새는 얼핏 대파와 비슷하지만 효능은 마늘에 버금간다. 풋마늘은 주로 3~4월에 생산되는데, 비타민과 미네랄이 풍부하여, 겨우내 떨어진 입맛을 돋우고 춘곤증으로 저하된 컨디션을 회복하는 데 도움이 된다. 면역력을 높여 주는 비타민 A, 신경계를 안정시키고 스트레스 해소 효과가 큰 비타민 B_1과 B_2, 활성 산소를 제거하는 비타민 C, 성장 발육을 돕고 노화 예방 효과가 큰 니아신 등의 비타민류가 풍부하며, 칼슘·인·철·칼륨 등의 미네랄도 골고루 들어 있다. 제철인 3~4월을 지나면 섬유질이 질겨져서 맛이 떨어진다.

- **재료 선별과 손질법** _ 풋마늘은 중간 크기로 골라 시든 부분을 다듬어 물에 씻는다. 뿌리 쪽이 단단하므로 데칠 때는 뿌리부터 먼저 넣고 잠깐 뒤에 잎줄기를 넣어야 고르게 데쳐진다.
- **만들기 포인트** _ 풋마늘간장장아찌를 건져서 된장과 고추장의 비율을 4대 1로 섞어 켜켜이 발라서 재우고 숙성시키면 또 다른 맛을 즐길 수 있다.
- **다른 요리** _ 풋마늘겉절이, 풋마늘산적, 풋마늘조림, 풋마늘양념찜, 풋마늘숙채

만드는 법

재료 풋마늘 400g, 천일염 1큰술
달임장 맛국물 3컵, 마른 고추 2개(1cm 길이로 썬 것), 간장·설탕·식초 각 1/2컵

만드는 법

1. 손질하여 깨끗하게 씻은 풋마늘을 4cm 길이로 썬 뒤 천일염을 뿌려 1~2시간 절였다가 물에 헹구고 채반에 건져 물기를 뺀다.
2. 식초를 제외한 달임장 재료를 한데 넣고 끓인 뒤 식초를 넣고 한 번 더 끓여서 식힌다.
3. 저장 용기에 ①의 풋마늘을 넣고 달임장을 부은 뒤 누름돌로 눌러 실온에 둔다.
4. 3~4일 후에 장물만 따라 내어 끓여서 식혀 붓고, 바람이 잘 통하는 시원한 곳에 보관한다. 15일간 숙성시켜 먹는다.
5. 먹을 때마다 알맞은 양만 꺼내어 그대로 먹거나 양념에 무쳐 먹는다.

무삼색피클

무의 제철은 가을, 피클 숙성 기간은 한나절

무

한국인의 밥상에서 쓰임새가 가장 많은 채소

무는 '겨울의 산삼'이라고 불릴 정도로 쓰임새가 많고 소화 촉진과 해독 기능이 뛰어나며, 열량이 낮아 다이어트에 효과적이다. 무에 들어 있는 특유의 전분 분해 효소는 음식의 소화 흡수를 촉진하고, 풍부한 식물성 섬유소는 장내의 노폐물을 배출하는 데 도움이 된다. 해열 효과와 기침이나 목이 아플 때도 효과가 있어 한방에서도 많이 사용된다.

- 재료 선별과 손질법 _ 모양이 고르고 빛깔이 희며 싱싱한 것이 수분이 많고, 푸른 부분이 많을수록 단맛이 강하다. 무는 일부분만 쓸 경우에는 씻지 않은 채로 토막을 낸 후 흙이 묻은 채로 보관하고 쓸 부분만 손질하는 것이 좋다.
- 만들기 포인트 _ 단무지용이 아닌 무장아찌는 채반에 널어 3~4일간 꾸덕꾸덕하게 말려서 달임장을 붓는다. 단무지용은 저장성은 낮지만 수분이 많고, 말린 것은 꼬들꼬들 씹히는 식감과 저장성이 좋다. 치자는 적당히 부수어 물을 붓고 하룻밤 정도 놓아두면 노란색이 잘 우러나온다. 치자를 끓이면 담가 둘 필요 없이 빨리 노란색을 얻을 수 있다.
- 다른 요리 _ 무김치, 무생채, 뭇국, 무조림, 무밥, 무숙장아찌

만드는 법

재료 무 1개 **절임물** 천일염 1/2컵, 물 1/2컵
치자물 치자 3개, 물 1컵, 식초 1컵, 설탕 1/2컵
비트물 얇게 썬 비트 1~2조각, 물 1컵, 식초 1컵, 설탕 1/2컵
흰색물 물 1컵, 식초 1컵, 설탕 1/2컵

만드는 법

1 무는 0.5~1cm 두께로 길게 잘라 절임물을 넣어 하룻밤 절여 둔다. 좀 더 빨리 먹으려면 무를 얇게 썰면 된다.
2 치자를 적당히 부수어 물에 담가 노란물이 우러나도록 한 뒤 체에 밭쳐 건더기를 건져 낸다. 이 물에 식초와 설탕을 넣고 한소끔 끓여서 식힌다.
3 비트물 재료를 한데 섞어 끓여서 식히고, 흰색물 재료도 한데 섞어 끓여서 식혀 둔다.
4 ①의 무를 3등분하여 각각의 피클 시럽을 부으면 노란색, 붉은색, 흰색의 무피클이 된다. 실온에 하루 정도 둔다.
5 몇 시간이 지나면 바로 먹을 수 있다. 위의 장아찌를 꺼내서 물기를 제거한 다음 고추장에 박아 두면 한 달 후부터 먹어도 좋다.

무말랭이고추냉이장아찌

무가 없는 계절에 언제든지 무 대용으로 이용, 장아찌 숙성 기간은 일주일

무말랭이 | 고추냉이

영양이 응축된 지혜의 식품, 톡 쏘는 향과 맛이 일품

무를 썰어서 말린 무말랭이는 무가 생산되지 않는 시기에 언제든지 먹을 수 있게 한 선조의 지혜가 깃든 식품이다. 말린 식품의 특성상 무의 영양이 응축되어 있는데 특히 칼슘이 12배 이상 증가하여 폐경기 여성에게 부족하기 쉬운 칼슘을 보충하여 골다공증을 예방하고 노화 방지 효과가 크다. 최근에는 무말랭이차가 겨울철 건강차로 인기를 얻고 있다.

고추냉이(와사비)는 일본의 매운맛을 대표하는 식품으로, 식물 전체에서 매운맛이 난다. 연한 갈색을 띠는 뿌리는 푸른 껍질에 싸여 있는데 껍질을 벗기고 생으로 이용하거나 말려서 가루로 사용한다. 신선한 뿌리를 강판에 갈아서 쓰면 효소의 작용으로 톡 쏘는 자극적인 향과 매운맛이 강해진다. 시중에서 파는 와사비 가루를 같은 양의 미지근한 물에 개어서 약 10분간 실온에 두면 향이 살아난다.

- 재료 선별과 손질법 _ 가을무를 손가락 굵기로 썰어서 염도가 낮은 소금물에 하룻밤 절였다가 물기를 꼭 짜서 말리면 무말랭이가 된다. 색깔이 깨끗하고 고르게 잘 마른 것을 고른다.
- 만들기 포인트 _ 무말랭이는 충분히 불려야 하고 달임장은 다른 장아찌보다 넉넉히 부어서 누름돌로 눌러 주어야 곰팡이가 피는 것을 막을 수 있다.
- 다른 요리 _ 무말랭이차, 무말랭이김치, 무말랭이조림, 초밥

만드는 법

재료 무말랭이 100g, 고추냉이 2큰술, 생강즙 1큰술, 배즙 1컵, 맛국물 1컵
달임장 간장 1.5컵, 조선간장 1/2컵, 조청 1/2컵

만드는 법
1. 무말랭이를 물에 가볍게 헹구어 고추냉이와 생강즙을 넣고 주무른 다음 배즙과 맛국물에 담가 충분히 불린다.
2. 달임장 재료를 한데 넣고 끓여서 식힌다.
3. ①의 무말랭이를 건져서 물기를 꼭 짠 뒤에 저장 용기에 담고 달임장을 부은 뒤 누름돌로 누른다. 바람이 통하는 서늘한 곳에 둔다.
4. 2~3일 정도 지나면 장물만 따라 내어 끓여서 식혀 붓고 냉장 보관한다. 일주일 뒤에 먹을 수 있다.
5. 먹을 만큼씩 꺼내 그대로 먹거나 양념하여 먹는다.

배추피클

봄배추는 6월, 가을배추는 11월이 제철, 피클 숙성 기간은 5일

배추

한국인이 가장 사랑하는 채소

배추는 한국인이 가장 사랑하는 김치의 주재료로서, 국을 끓이고, 쌈을 싸 먹으며, 전이나 다른 음식의 부재료로 많이 쓰인다. 잎, 줄기, 뿌리 모두 식용하며, 비타민이 풍부하여 버릴 것이 없는 채소이다. 섬유질이 많아 장 운동을 촉진함으로써 정장 작용을 하고, 저열량, 저지방 채소로 다이어트에 좋다.

- **재료 선별과 손질법** _ 윗부분을 가볍게 눌렀을 때, 적당히 탄력이 느껴지는 것이 맛있고, 녹색 겉잎이 적당히 둥글게 말린 배추가 신선하다. 중간 정도 크기의 배추를 들었을 때 묵직해야 속이 꽉 찬 것이다. 잎은 연녹색을 띠며, 줄기는 흰 부분을 눌렀을 때 단단한 것이 수분도 많고 싱싱하다. 겉잎에 검은 반점이 있는 것은 속까지 벌레 먹었을 확률이 높으므로 피한다.
잎을 뗄 때는 밑동을 조금 자르거나 뿌리 부분을 도려내듯 자른다.
- **만들기 포인트** _ 신선한 무청을 이용해서 같은 방법으로 피클을 만들어도 맛있다. 무청을 먹기 좋은 크기로 자른 것에 피클 시럽을 부어 냉장 보관하여 맛을 들이면 된다. 섬유소가 많아 다이어트나 변비에 좋고 씹히는 맛이 개운하여 고기나 생선을 먹을 때에도 곁들이는 반찬으로 좋다.
- **다른 요리** _ 배추김치, 배추나물, 배추쌈, 배추찜, 배춧잎쌈전골, 배추속댓국, 배추들깨국, 배추김치

만드는 법

재료 배춧잎 30장(배추 1포기 분량), 무 1/4개(300g), 당근 1/2개 **절임물** 물 1 l , 천일염 1컵

치자물 치자 3개, 뜨거운 물 1컵

피클 시럽 물 3컵, 식초·설탕 각 1컵, 피클링스파이스 1큰술, 천일염 1.5큰술

만드는 법

1 배춧잎을 한 장씩 떼어 그릇에 담고, 무와 당근은 약간 굵게 채 썰어 다른 그릇에 담는다.
2 ① 각각에 절임물을 뿌려 2시간가량 두었다가 물에 헹구고 물기를 짠다.
3 치자를 부수어 뜨거운 물을 부어 색이 우러나오면 체에 밭쳐 건더기를 건져 내고 ②의 무에 부어 노랗게 물들인다.
4 ③의 치자물을 따라 내어 냄비에 담고, 피클 시럽 재료를 한데 넣어 한소끔 끓여서 식힌다.
5 ②의 배춧잎 사이에 무채와 당근채를 소로 넣고 감싸서 저장 용기에 담고 ④의 피클 시럽을 부은 뒤 실온에서 하루 숙성시켜 냉장고에 보관한다. 5일 뒤부터 먹을 수 있다.

Tip 배추를 한 장씩 떼지 않고 백김치 담그듯 통째로 피클을 담근 뒤 먹을 때 한 장씩 떼어도 된다.

비트잎장아찌

장아찌 숙성 기간은 일주일

비트

철분이 풍부한 서양의 붉은 순무

서양의 붉은 순무인 비트는 보랏빛이 감도는 진홍색으로 밥상을 산뜻하게 한다. 아삭한 질감과 특유의 단맛이 샐러드나 주스의 좋은 재료가 된다. 항산화 물질인 리코펜과 안토시아닌, 베타인 성분이 풍부하여 면역력을 높이는 효과가 있고, 철분 함량이 높아 빈혈을 예방하는 데 효과적이다. 뿌리채소로 알려져 있지만, 잎도 은은한 단맛이 돌고 식감이 부드러우며 색도 보기 좋아 쌈채소로 애용된다.

- **재료 선별과 손질법** _ 줄기는 붉은색이 선명하고 벌레 먹은 곳이 없는 신선한 것을 고른다. 뿌리는 매끄럽고 단단하며 중간 크기의 것을 고른다.
- **만들기 포인트** _ 잎이 두껍지 않은 잎채소들은 달임장을 완전히 식힌 후에 붓는다. 비트잎이나 향신채들은 고기를 먹을 때 쌈채소로 사용되는데, 고기에 비타민 A, C가 거의 들어 있지 않아서 이를 보완하기 위한 것이다. 비트잎은 날로 먹어도 좋지만 장아찌로 만들어서 고기와 먹거나 양념에 무쳐서 밥과 함께 싸 먹으면 오랫동안 보관해 두고 손쉽게 먹을 수 있는 장점이 있다.
- **다른 요리** _ 비트샐러드, 비트차

만드는 법

재료 비트잎 200g, 양파 1/2개, 비트 1/6개, 천일염 2큰술

달임장 맛국물 1.5컵, 간장 1/2컵, 식초 4큰술, 설탕 3큰술, 마른 고추 1개(잘라서 씨 뺀 것)

만드는 법

1 비트잎은 씻어서 물기를 털고 천일염으로 1시간가량 절여서 한 번만 물에 헹구어 채반에 건져 물기를 없앤다.
2 양파와 비트를 적당히 채 썬다.
3 달임장 재료를 한데 넣고 끓여서 식힌다.
4 저장 용기에 ①의 비트잎, ②의 양파와 비트를 담고 달임장을 부은 뒤 무거운 것으로 눌러 놓는다.
5 2~3일 후에 장물만 따라 내어 끓여서 식혀 붓고 냉장 보관한다. 일주일 정도 숙성시켜 먹는다.

삼채장아찌

삼채 뿌리가 맛있는 때는 늦가을~이른 봄 사이, 장아찌 숙성 기간은 일주일

삼채

세 가지 맛이 나는 뿌리부추

원산지인 미얀마에서는 '뿌리부추'로 불리는 삼채는 단맛, 쓴맛, 매운맛 이렇게 3가지 맛이 난다고 해서 삼채라고 한다. 삼채에는 식이 유황과 플라보노이드의 일종인 루틴이 풍부한데, 국내 연구진에 의해 삼채의 루틴 성분이 알레르기 비염 억제 효과가 있다는 것이 밝혀졌다. 농촌진흥청의 민간요법 조사 결과에 의하면 삼채가 당뇨와 뼈 건강에 이롭고 체지방을 낮추는 효과가 있는 것으로 밝혀졌다. 부추와 성질이 비슷하여 몸이 찬 사람에게 효과가 있으며, 조리해 먹어도 약용 성분이 파괴되지 않는다고 한다.

- 재료 선별과 손질법 _ 뿌리의 굵기가 일정하고 엷은 갈색을 띠는 흰색이며 깨끗한 것이 신선하다. 깨끗이 씻어서 요리에 사용한다.
- 만들기 포인트 _ 절인 후 고추장, 된장에 버무려 두면 또 다른 삼채의 맛을 즐길 수 있다.
- 다른 요리 _ 삼채생채, 삼채즙, 삼채샐러드, 삼채전, 삼채김치

만드는 법

재료 삼채 100g **절임물** 물 1컵, 천일염 1큰술, 설탕 1큰술
달임장 맛국물 1/2컵, 간장 1/4컵, 조청·소주 각 2큰술

만드는 법

1 삼채는 흐르는 물에서 솔로 살살 비벼 깨끗이 씻는다.
2 삼채에 절임물을 부어 2~3시간 절인다. 삼채가 휘어질 정도로 절여지면 그대로 채반에 건져서 반나절 동안 햇볕에 꾸덕꾸덕하게 말린다.
3 달임장 재료를 한데 넣고 끓여서 식힌다.
4 ②의 삼채를 저장 용기에 담고 달임장을 부어서 누름돌로 눌러 실온에 둔다.
5 2~3일 후에 장물만 따라 내어 끓여서 식혀 붓고 냉장 보관한다. 일주일 정도 지나면 먹을 수 있다.

셀러리콜리플라워피클

셀러리와 콜리플라워가 맛있는 때는 6월, 피클 숙성 기간은 3일

셀러리 | 콜리플라워

식이섬유와 비타민이 풍부한 다이어트 채소

셀러리는 수분이 많고 식감이 아삭하여 주로 샐러드 재료로 사용되는데, 열량은 100g당 16kcal에 불과하고 식이섬유가 풍부해 다이어트에 매우 좋은 채소이다. 셀러리 특유의 향은 정유 성분, 폴리페놀 등에 의한 것이다. 신경이 날카로워져 몸은 피곤한데도 잠이 잘 오지 않을 때 항스트레스 효능이 있는 셀러리를 먹으면 안정이 된다. 몸의 열을 내려 주고 피부를 진정시키는 효능이 있다.

콜리플라워는 브로콜리가 돌연변이를 일으켜 하얗게 된 것으로, 자주색이나 오렌지색, 녹색도 있다. 콜리플라워 100g에는 하루에 필요한 비타민 C가 들어 있으며 비타민 B는 물론 식이섬유도 양배추보다 많다. 살짝 데쳐 먹거나 데쳐서 버터에 볶아 먹는다.

- **재료 선별과 손질법** _ 셀러리는 잎이 싱싱하며 줄기 부분은 두툼하고 진한 녹색으로 심이 뚜렷하게 보이는 것이 아삭한 식감을 낼 수 있다. 셀러리로 요리할 때는 줄기만 쓰고 잎은 버리는데 비타민 A와 무기질은 잎에 더 많으므로 주스나 고기 요리에 잎을 다져 넣어서 신선한 향을 느껴 보자.
- **만들기 포인트** _ 피클 시럽은 다시 끓여서 붓지 않아도 냉장고에서 한 달 정도는 괜찮다. 날씨가 덥거나 오래 보관하려는 경우에는 2~3일 정도 지나서 국물만 끓인 후 식혀서 붓는다.

만드는 법

재료 셀러리 2대, 콜리플라워 1개
피클 시럽 물 1컵, 식초 1/2컵, 설탕 3큰술, 소금 1작은술, 통후추 1작은술, 겨잣가루 1큰술

만드는 법

1. 셀러리는 질긴 섬유질을 벗긴 뒤 어슷하게 썰고, 콜리플라워는 작은 송이대로 잘라 끓는 물에 살짝 데친 뒤 저장 용기에 함께 담는다.
2. 겨잣가루를 제외한 피클 시럽 재료를 한데 넣고 끓여서 따뜻할 정도로 식힌 뒤 겨잣가루를 풀고 완전히 식힌다.
3. ①에 피클 시럽을 부은 뒤 뚜껑을 닫고 실온에 하루를 두었다가 냉장 보관한다. 2~3일 뒤에 먹을 수 있다.

신선초깻잎순장아찌

장아찌 숙성 기간은 5일

신선초 | 깻잎순

산뜻한 향기 가득, 날마다 쑥쑥 자라는 채소

신선초는 미나리과의 여러해살이풀로 '명일엽^{明日葉}'·'신립초'라고도 부른다. '명일^{明日}'이라는 표현에서 알 수 있듯이 오늘 딴 듯도 내일 새잎이 나올 정도로 생명력이 강하고, 향이 산뜻하며, 피로 해소 효과가 큰 영양소인 비타민 B군이 풍부하여 녹즙 재료로 인기가 많다.

깻잎순은 들깨의 어린 잎줄기로, 제철인 초여름에 잠깐 맛볼 수 있는 별미 식재료이다. 살짝 데쳐서 들기름에 볶아 먹으면 들깨의 고소함을 그대로 느낄 수 있으며, 매운탕에 얹으면 향긋한 냄새가 비린내를 가려 준다. 비타민 A가 다른 채소류에 비해 월등히 많고, 독특한 향기를 내는 주성분은 페릴라케톤, 페릴라알데히드이다.

- **재료 선별과 손질법 _** 신선초는 자생지에서 연중 싹이 나므로 언제든 채취가 가능하다. 어린잎과 꽃봉오리가 장아찌의 재료로 쓰인다.
- **만들기 포인트 _** 신선초 줄기는 갈아서 주스로 먹고 잎만 사용한다. 신선초장아찌는 쌉싸름한 향이 여운처럼 남는다. 고기를 먹을 때 쌈채 대용으로 먹으면 좋은 궁합이 된다.
- **다른 요리 _** 신선초무침, 신선초조림, 신선초튀김 / 깻잎순나물, 깻잎순튀김

만드는 법

재료 신선초 400g, 들깻잎순 400g

달임장 맛국물 5컵, 간장 3컵, 조선간장 6큰술, 매실액 2큰술, 조청 2큰술, 정종 1/2컵

만드는 법

1 신선초와 들깻잎순을 씻어서 채반에 펼쳐 물기를 없앤 뒤 저장 용기에 담는다.
2 달임장 재료를 한데 넣고 끓여서 식힌다.
3 ①에 달임장을 붓고 무거운 것을 얹어 누른 뒤 뚜껑을 닫고 실온에 반나절 정도 둔다.
4 다음 날 장물만 따라 내어 끓여서 식혀 부은 뒤 냉장 보관한다. 5일 정도 지나면 먹을 수 있다.

아스파라거스피클

4~5월이 제철, 피클 숙성 기간은 5~7일

아스파라거스

서양에서 샐러드 재료로 사랑받는 고급 채소

아스파라거스는 독특한 모양과 연녹색의 색깔, 아삭하게 씹히는 맛이 식감을 자극하는 고급 채소로, 국민 소득 수준이 1만 달러 이상이 되어야 소비가 대중화될 정도라고 한다. 1806년, 프랑스 과학자 보클랭과 루비케가 숙취와 피로 해소는 물론 콩팥의 기능을 돕고 이뇨 작용을 활발하게 하는 아미노산을 아스파라거스에서 발견하면서 아스파라긴산이라고 이름 붙였다. 아스파라거스에는 비타민 P의 일종으로 혈압을 내리는 효과가 있는 루틴 성분이 있어 고혈압 예방에도 도움이 되는 것으로 알려져 있다.

- 재료 선별과 손질법 _ 아스파라거스는 연둣빛이 진하고 굵기가 일정하고 곧게 뻗은 것을 고른다. 봉오리 밑동이 두꺼우면서 벌어지지 않고 봉오리 한 알 한 알이 꽉 차 있는 것이 신선하다. 밑동의 딱딱한 부분은 잘라 버린다. 고르게 데치기 위해서 딱딱한 줄기 부분부터 끓는 물에 넣고 1분 후에 봉오리 부분을 넣는다.
- 만들기 포인트 _ 데친 것을 씻으면 영양소가 빠져나가므로 건져서 그대로 식힌다.
- 다른 요리 _ 아스파라거스샐러드, 아스파라거스볶음, 아스파라거스강회

만드는 법

재료 아스파라거스 20대, 천일염 5큰술, 레몬 1/2개, 월계수잎 2장, 통후추 10알
피클 시럽 물 1/2컵, 설탕 1/2컵, 식초 1컵, 소금 2작은술

만드는 법

1 아스파라거스 아랫부분을 2cm 잘라 내고 필러로 얇게 껍질을 벗긴 뒤, 도마에 올려놓고 천일염으로 문질러 30분간 절인다.
2 아스파라거스 길이에 맞는 저장 용기를 준비하여 레몬을 얇게 잘라 가장자리에 두르고 아스파라거스를 차곡차곡 세워 담은 다음, 월계수잎과 통후추를 넣는다.
3 피클 시럽 재료를 한데 넣고 한소끔 끓여서 식힌다.
4 ②에 피클 시럽을 붓고 뚜껑을 닫은 뒤에 완전히 식힌다.
5 상온에 하루 정도 놓아두었다가 냉장 보관한다. 5~7일이 지나면 맛이 든다.

양배추피클

11~1월, 6~8월에 수확한 양배추가 맛이 좋아, 피클 숙성 기간은 3~4일

양배추

위궤양과 노화방지, 간기능 회복 효과가 있는 대표적 건강 채소

양배추는 날것으로도 많이 이용하고 익혀서도 많이 먹는 채소다. 현대 민간의학에서도 항궤양성 치료제로 사용하는데, 생즙은 빈혈·위궤양·위장장애·당뇨병에 효과가 있으며, 피를 맑게 해 준다. 양배추는 간 해독에도 도움이 되는 자연 식품이다. 양배추에 들어 있는 글루코시놀레이트 성분이 간 해독은 물론 항암 작용까지 하는 것으로 알려졌다. 양배추는 암 중에서도 대장암을 예방하는 효과가 크다. 항궤양성 비타민 U를 함유하고 있어 생즙을 먹으면 위궤양에 효과가 있으며, 빈혈 위장 장애·당뇨병에 효과가 있다. 또한 피를 맑게 해 주고 몸의 저항력을 높여 여성의 피부 미용에도 좋다. '적채赤菜'라고 불리는 붉은 양배추는 빛깔이 아름다워 샐러드나 비빔밥의 장식으로 이용되고, 생즙의 색을 좋게 하는 데 쓰이는데, 일반 양배추보다 과당·포도당·비타민 C 등의 영양 성분이 더 많다.

- 재료 선별과 손질법 _ 양배추는 들었을 때 묵직하고 윤기가 흐르고 색이 선명한 것이 좋다. 심에서부터 썩기 시작하므로 심이 갈색으로 변하면 도려낸다. 신선한 상태로 계속 먹으려면 잎을 한 장씩 떼어 사용한다. 일 년 중 늦가을부터 겨울 동안에 생산된 양배추가 맛이 좋으며, 저장성도 좋다.
- 만들기 포인트 _ 피클은 간단히 만들 수 있고 장기간 보관이 어려우므로 조금씩 자주 담가 먹는 것이 좋다.
- 다른 요리 _ 양배추볶음, 양배추찜, 양배추샐러드, 양배추숙채쌈

만드는 법

재료 양배추 500g, 붉은 양배추 200g
피클 시럽 물 4컵, 설탕 1컵, 소금 1.5큰술, 피클링스파이스 1작은술, 월계수잎 2장, 식초 2컵
만드는 법
1 바닥이 평평한 저장 용기를 준비하고 양배추와 붉은 양배추 잎을 한 장씩 떼어 켜켜이 쌓아 올린다.
2 식초를 제외한 피클 시럽 재료를 한데 넣고 끓어오르면 식초를 넣고 한소끔 더 끓여서 식힌다.
3 피클 시럽을 양배추에 붓고 누름돌로 눌러 준다.
4 실온에 하루를 놓아두었다가 냉장 보관한다. 3~4일 정도 지나면 먹을 수 있다.

방울다다기양배추장아찌

장아찌 숙성 기간은 일주일

방울다다기양배추

작아도 영양이 꽉 차 있는 슈퍼 푸드

'방울양배추' 또는 '미니양배추'라고도 하며 16세기부터 벨기에 브뤼셀 지방에서 재배되다가 19세기에 유럽으로 퍼졌으므로 '브뤼셀 스트라우트'라고도 한다. 긴 줄기에 작은 알맹이가 다닥다닥 붙어 자라는 것이 특징이다. 양배추를 그대로 축소해 놓은 듯 동그란 모양이 귀엽고, 한입에 쏙 들어가는 크기로, 잎이 얇아 식감이 부드럽고, 단맛이 높다. 섬유질, 단백질, 비타민 등이 풍부하고 항산화 작용, 항암 기능, 항염증 기능 등 양배추의 영양을 그대로 갖추고 있으면서 영양소 함량이 더 크다.

- 재료 선별과 손질법 _ 지름 2~3cm 정도 되는 작은 양배추로 긴 줄기에 50~60개가 열린다. 크기가 자그마하고, 잎이 선명한 녹색이다. 단단히 감겨 있는 것이 단맛이 강하다.
- 만들기 포인트 _ 잎이 두껍거나 단단한 채소는 달임장이 뜨거울 때 부어서 그대로 식혀야 한다.
- 다른 요리 _ 샐러드, 과일 대용. 양배추보다 식감이 부드럽고 달아서 샐러드로 먹거나 익혀 먹어도 좋다.

만드는 법

재료 방울다다기양배추 500g

달임장 맛국물 1컵, 간장 3/4컵, 설탕 1/4컵, 식초 1/2컵, 천일염 1/2큰술

만드는 법

1. 방울다다기양배추는 깨끗이 씻어서 채반에 건져 물기를 없애고 저장 용기에 담는다.
2. 달임장 재료를 한데 넣고 끓여서 뜨거운 상태로 방울다다기양배추가 잠기도록 붓는다.
3. 이틀이 지난 뒤에 장물만 따라 내어 끓여서 식혀 부어 냉장 보관한다. 일주일이 지나면 먹을 수 있다.

양파비트장아찌

양파 수확기는 6~7월, 장아찌 숙성 기간은 3일

양파

도입 역사는 짧지만 매우 다양하게 쓰이는 건강 채소

양파는 잎줄기보다는 주로 둥근 비늘줄기를 식용하는 채소로, 보통 가을에 파종하여 여름에 수확한다. 우리나라에 양파가 전래된 시기는 조선 말기이며, 한국전쟁 후에 본격적인 재배가 시작되었다고 한다. 불과 1세기의 짧은 역사 속에서 양파가 없는 부엌은 상상하기 어려울 정도로 쓰임새가 다양하다.

미국 영양학회지 《저널 오브 뉴트리션 Journal of Nutrition》에 따르면, 양파의 겉껍질에 들어 있는 플라보노이드의 일종인 퀘르세틴 quercetin 성분이 혈액 속 불필요한 콜레스테롤을 낮추고 혈압을 감소시켜 고혈압 예방에 도움이 된다고 한다. 또한 지방의 산패를 막고, 심혈관 질환을 예방하는 데 좋으며, 간 해독 작용이 있다. 특히 붉은 양파의 효능이 뛰어나다.

- 재료 선별과 손질법 _ 양파는 공처럼 동그랗게 생긴 것으로 겉껍질이 밝은 주황색이 도는 것, 손으로 들어 보았을 때 무게감이 있는 것을 고른다. 햇양파를 제외하고는 껍질이 단단한 것이 맛도 좋고 보관하기도 좋다. 비트는 모양이 둥그스름하고 표면이 울퉁불퉁하지 않은 것을 고른다. 흙이 묻어 있고, 잘랐을 때 붉은색이 선명하면 신선한 것이다. 색깔을 내기 위해서 사용하고 남은 것은 적당한 크기로 잘라 랩에 싸서 냉동 보관해 두면 언제라도 사용할 수 있다.
- 만들기 포인트 _ 비트를 많이 넣으면 색이 진해져서 검붉은색이 된다. 비트가 없을 때 적양파를 섞어도 색이 아름답다.
- 다른 요리 _ 양파김치, 양파전, 양파잡채, 양파찜, 양파겉절이

만드는 법

재료 작은 양파 1kg(6개), 비트 1/4개, 레몬 1/2개

달임장 물 3컵, 간장 2/3컵, 매실청 2큰술, 천일염 4큰술, 식초 2/3컵, 설탕 1.5컵, 통후추 1작은술, 피클링스파이스 1작은술

만드는 법

1. 작은 양파는 통째로 쓰고, 큰 양파는 먹기 좋은 크기로 자르고, 레몬과 비트는 2등분하여 얇게 저민 뒤 모두 저장 용기에 담는다.
2. 달임장 재료를 한데 넣고 끓여서 완전히 식힌 뒤 재료를 넣은 저장 용기에 붓고 누름돌로 눌러 반나절 정도 실온에 둔다.
3. 3일 뒤에 간장만 따라 내어 끓여서 식혀 부은 뒤 냉장 보관한다. 3일이 지나면 바로 먹을 수 있다.

양파겨자피클

피클 숙성 기간은 5일

양파 | 겨자

약으로 쓰인 역사가 오래된 향신 채소

양파는 모양에 따라 둥근 것과 납작하게 둥근 것, 껍질색에 따라 붉은 것과 노란 것, 흰 것 등으로 나뉘며, 맛에 따라 단 것과 매운 것으로 구분한다. 양파를 썰 때 나는 독특한 냄새는 이황화프로필·황화알릴 등의 화합물로, 생리적으로 소화액 분비를 촉진하고 흥분·발한·이뇨 등의 효과가 있다.

겨자는 겨자씨를 말려서 가루 낸 것으로, '머스터드' 또는 '양겨자'라고도 한다. 겨자의 기름을 짜 낸 부산물로 만들어 매운맛이 약하고 흔히 꿀을 첨가해서 사용한다. 겨자의 자극성 강한 맛과 향은 항암·소염 효과가 있고, 감기 등의 질병으로부터 건강을 지켜 주는 효능이 있다. 한방에서 '개자'라는 약재로 사용한다.

- **재료 선별과 손질법** _ 양파는 겉껍질을 벗긴 뒤에 속을 감싸고 있는 필름처럼 생긴 얇은 피막을 벗겨 내야 요리가 깔끔하다. 양파를 익히면 매운맛이 사라지고 단맛이 난다.
  겨자는 사용할 때에 따뜻한 물에 잘 개어서 발효시키면 톡 쏘는 매운맛이 나는 것이 특징이다.
- **다른 요리** _ 말린 채소(가지, 표고버섯, 애호박, 무말랭이 등)를 물에 불렸다가 물기를 짜서 참기름에 볶은 다음 소금과 겨잣가루를 뿌려서 잘 버무려 2~3일 정도 실온에 두었다가 먹어도 맛있다. 씹는 질감이 쫄깃하고 고소하며, 겨자의 매콤한 맛이 풍미를 살려 준다.

만드는 법

재료 작은 양파 3개(500g), 노란파프리카 1개, 오이 1개
피클 시럽 식초 1.5컵, 물 1.5컵, 설탕 1/3컵, 천일염 2큰술, 겨잣가루 3큰술

만드는 법

1. 양파와 파프리카는 한입 크기로 썰고, 오이는 2cm 두께로 통썰기하여 저장 용기에 담는다.
2. 겨자를 제외한 피클 시럽 재료를 한데 넣고 끓여서 한소끔 식힌 뒤 겨잣가루를 멍울 없이 풀어 넣는다.
3. 피클 시럽을 양파, 파프리카, 오이에 붓고 누름돌로 눌러 실온에서 하루 정도 숙성시킨 뒤 냉장 보관한다. 5일이 지나면 맛이 든다.
   Tip 피클이 숙성되면 파프리카부터 먼저 먹는 것이 좋다. 파프리카는 수분이 많아 빨리 물컹해지기 때문이다.

애호박장아찌

장아찌 숙성 기간은 15일

애호박

여름 더위 속 소화를 돕는 대표적 채소

덜 자라 어린 호박으로, 값이 저렴하고 식감이 부드러워 밥상에 자주 오르는 식재료이다. 채소류지만 주성분이 녹말이므로 감자류처럼 익혀서 요리하는 경우가 대부분인데, 가열 과정에서 영양소의 손실이 거의 없거나 적다. 호박의 베타카로틴 성분은 불포화지방의 산화물 축적과 산화된 지질단백질이 혈전을 만드는 것을 막아 관상동맥 질환을 예방하고 심근경색의 위험을 낮춘다. 예로부터 소화 흡수가 잘되고, 치매 예방과 두뇌 개발의 효능이 있는 것으로 알려져 있다.

- **재료 선별과 손질법 _** 호박은 몸체가 고르고 윤기가 있으며 연한 녹색을 띠는 것이 좋다. 초록색이 짙은 것보다 연녹색을 띠는 것이 연하고 달착지근하여 맛이 좋다. 너무 굵은 것은 씨가 자라 있으므로 조금 날씬한 것을 고른다.
깨끗이 씻은 후에 꼭지를 잘라 내고 음식 용도에 맞게 썰어서 사용한다. 조리할 때는 다른 재료에 비해서 빨리 익으므로 모양이 망가지지 않도록 도톰하게 썬다.
- **만들기 포인트 _** 된장장아찌 외에 달임장을 끓여 붓는 간장장아찌도 담가 두면 요긴한 밑반찬이 된다.
- **다른 요리 _** 애호박전, 애호박찌개, 애호박찜, 애호박볶음, 애호박선, 애호박나물, 애호박된장찌개

만드는 법

재료 애호박 2개, 천일염 1/4컵 **절임장** 된장 600g, 조청 2큰술

만드는 법

1. 애호박은 흠이 없는 것으로 골라 깨끗이 씻어 물기를 없앤 뒤 반으로 갈라 씨를 파내고 소금에 절여서 한나절 동안 말린다.
2. 된장과 조청을 섞어서 절임장을 만든다.
3. 절임장의 반으로 ①의 호박을 고루 버무린다.
4. 저장 용기에 ③의 호박을 꾹꾹 눌러 담고 나머지 절임장으로 위를 덮어 준다. 실온에 하루 정도 두었다가 냉장 보관한다. 보름 정도 지나면 먹을 수 있다.
5. 먹을 만큼만 덜어 호박에 묻은 된장을 털어 내고 썰어서 양념해 먹는다.

연근피클

10~3월이 제철, 피클 숙성 기간은 10일

연근

지혈 작용이 뛰어나고 기침을 다스리는 겨울 채소

연꽃의 땅속줄기인 연근은 날것 그대로 먹거나 튀김이나 조림, 약재로 다양하게 활용된다. 주성분은 녹말이며, 무기질과 식이섬유가 풍부하여 피부를 건강하게 하고 콜레스테롤을 저하시키는 데 도움을 준다. 또한 항산화 작용과 항암 작용을 하는 비타민 C가 많다. 단맛과 따뜻한 성질을 지니고 있다. 하지만 현대인들이 이러한 연근을 섭취하기가 쉽지 않다. 연근 잘린 면에서 나오는 점액은 뮤신mucin 성분으로 단백질의 소화를 촉진하고, 독성 물질이나 콜레스테롤 등을 흡착해 해독하며, 혈중 콜레스테롤 수치를 낮추는 효과가 있다. 연근의 타닌tannin 성분은 수렴 작용을 하여 지혈 작용에 뛰어나며, 설사·구토를 다스린다. 이 타닌 성분은 갈변의 원인이기도 하다. 특히 철분이 있으면 갈변이 더욱 심하므로 쇠칼이나 쇠그릇을 피하는 것이 좋다.

- **재료 선별과 손질법** _ 연근은 묵직하고 곧으며 약간 두리뭉실하고 굵직한 것을 고른다. 잘라서 파는 것은 표백제를 넣어 희게 만들거나 소금에 절여서 파는 경우가 있으므로 통째로 구입한다. 손질하고 나면 바로 식초물에 담가서 변색을 막고 떫은맛을 제거한다. 껍질을 벗길 때는 필러를 이용해서 길게 벗겨 내며 구멍 속의 때는 젓가락이나 꼬챙이로 파내고 흐르는 물에 씻는다. 염장한 연근은 물을 여러 번 바꿔 가며 소금기를 없애고 조리해야 한다.
- **만들기 포인트** _ 조직이 단단하여 맛이 늦게 든다. 연근을 데쳐서 밑간을 하면 숙성 기간이 짧아진다. 너무 얇게 썰면 아삭한 맛이 없으므로 0.5cm 두께를 지키는 것이 좋다.
- **다른 요리** _ 연근튀김, 연근샐러드, 연근전, 연근조림, 연근튀김, 연근빈대떡

만드는 법

재료 연근 3개, 홍고추 5개, 식초물(식초·소금·설탕 각 1큰술)
피클 시럽 물 1컵, 설탕 1/2컵, 식초 2/3컵, 소금 2큰술, 레몬 1/2개, 월계수잎 1장, 통후추 10알
만드는 법
1 연근은 껍질을 벗기고 0.5cm 두께로 썰어서 식초물에 10분 정도 담갔다가 찬물에 헹군다.
2 피클 시럽 재료를 한데 넣고 팔팔 끓였다가 식혀 체에 밭친다.
3 소독한 저장 용기에 홍고추를 넣고 연근을 담은 뒤 피클 시럽을 부어 실온에서 1~2일 숙성시킨 후 냉장 보관해서 먹는다. 10일 정도면 숙성된다.

Tip 피클을 담글 때 홍고추를 넣으면 살균 작용을 하고, 자칫 맛이나 색이 밋밋하기 쉬운 국물에 매콤한 맛과 붉은색을 낸다.

열무장아찌

본격적인 제철은 한여름인 6~8월, 장아찌 숙성 기간은 20일

열무

한여름 더위를 없애 주는 채소

뿌리보다 잎을 주로 먹는 열무는 '여린 무'라는 뜻을 지니고 있지만 '더운 열熱'을 '없애 [無]' 주어 '熱無'라고 부를 정도로 시원한 성질이 있다. 열량이 적고 섬유질이 풍부하며 비타민 A와 C가 많고 무기질이 적절하게 들어 있어서 면역력을 강화하고 피부와 모발을 건강하게 유지하는 데 도움이 된다. 땀으로 배출되는 무기질을 보충하는 효과도 크므로 여름철 식재료로 매우 좋은 채소이다. 여름철에 먹는 열무김치는 원기 회복을 돕는다.

- 재료 선별과 손질법 _ 열무의 뿌리는 작고 가늘지만 줄기가 굵고 잎이 푸른빛을 띠는 것이 싱싱하다. 뿌리는 잘라 내지 말고 끝부분만 약간 다듬어 잔털을 긁어 낸 다음 뿌리와 잎사귀가 연결된 부위의 지저분한 것을 정리한다.
  씻을 때는 미리 받아 둔 물로 가볍게 헹구듯이 씻는다. 문지르거나 압력을 가하면 풋냄새가 나므로 주의한다.
- 만들기 포인트 _ 연한 열무로 갑장과를 만들면 장아찌의 질감을 맛볼 수 있으며 일품요리로서도 손색이 없다.
- 다른 요리 _ 열무나물, 열무겉절이, 열무된장국, 탕의 건더기, 열무피클, 열무쌈채

만드는 법

재료 열무 1kg, 천일염 1/2컵, 홍고추 2개, 청고추 3개, 청양고추 2개
달임장 조청 1/2컵, 조선간장 1/2컵, 맛국물 2컵, 고추씨 1큰술

만드는 법
1 열무는 천일염에 절여서 한 번만 물에 헹구어 채반에 펼쳐 꾸덕꾸덕하게 말리고, 고추는 적당한 크기로 자른다.
2 달임장 재료를 한데 넣고 끓여서 체에 거른 뒤 국물을 식힌다.
3 저장 용기에 열무와 고추채를 넣고 달임장을 부은 뒤 누름돌로 눌러놓는다. 실온에 하루 정도 두었다가 냉장 보관한다.
4 다음 날 장물만 따라서 끓인 뒤 식혀서 다시 붓는다. 20일이 지나면 맛이 든다.

오이셀러리풋고추장아찌

장아찌 숙성 기간은 20일

오이

몸을 시원하게 하고 숙취 해소에 좋은 여름철 채소

오이의 90% 이상이 수분으로 이루어져 있으며 식이섬유가 많고 열량은 100g당 9kcal로, 몸 안의 노폐물을 제거하는 데 좋으며 몸의 수분 밸런스를 맞춰 준다. 오이에는 숙취 해소를 돕는 아스코르빈산ascorbic acid이 콩나물만큼 들어 있어서 숙취 해소에 좋다. 서양에서는 주로 오이피클을 만들어 각종 샐러드나 샌드위치, 빵 등에 곁들어 먹고, 우리나라에서는 날 것 그대로 된장에 찍어 먹거나 소박이나 무침 등 여름철 즉석김치로 이용한다. 몸을 차게 식혀 주므로 한여름에 오이 요리를 먹으면 좋지만 지나치게 많이 먹으면 몸을 차게 하여 설사 증상을 유발할 수 있다.

- **재료 선별과 손질법 _** 오이는 취청오이를 사용해도 되지만 오랫동안 보관하려면 다다기오이를 사용한다. 셀러리를 너무 많이 넣으면 향이 강해지므로 오이 양의 1/10 정도만 넣는다.
- **만들기 포인트 _** 여러 가지 채소를 섞어서 만들면 한 번에 다양한 맛을 느낄 수 있어서 좋다. 같이 넣을 수 있는 채소는 무, 당근, 양파, 풋고추, 마늘종 등이다. 채소를 먹기 좋게 썰어서 담그면 단시간에 맛이 들지만 오래 두면 검고 간이 짜게 될 염려가 있다.
- **다른 요리 _** 오이무침, 오이소박이, 오이냉국

만드는 법

재료 다다기오이 3개, 풋고추 400g, 셀러리(10cm) 5대
달임장 물 2컵, 간장 3컵, 조선간장 1/2컵, 식초 2컵, 조청 · 매실액 · 소주 각 1/2컵

만드는 법
1. 오이는 0.7cm 두께로 썬다.
2. 셀러리는 잎을 떼어 내고 줄기만 오이 두께로 어슷 썬다.
3. 고추는 어슷 썰어서 씨를 대충 털어 낸다.
4. 오이, 셀러리, 고추를 저장 용기에 담는다.
5. 달임장 재료를 한데 넣고 끓여서 식힌다.
6. 오이, 셀러리, 고추에 달임장을 붓고 누름돌로 눌러 잠기게 한다. 3일 후에 장물만 따라 내어 끓여서 식혀 붓고 냉장 보관한다. 20일이 지나면 먹을 수 있다.

오이깻잎피클

오이는 1년 내내 구할 수 있지만 제철은 한여름, 피클 숙성 기간은 3일

오이

몸속 수분밸런스를 유지해 주는 채소

수분을 풍부하게 함유하고 있어 여름철 더위나 운동으로 인해 지친 몸에 수분을 충분히 공급해 준다.

- **재료 선별과 손질법** _ 오이는 모양이 고르고 굵기가 일정한 것으로 껍질에 초록색 윤기가 있는 것이 좋다. 가시가 있는 품종은 만지면 따끔할 정도로 가시가 날카로운 것을 고른다. 색이 희거나 양끝 굵기의 차이가 심하게 나는 것은 씨가 많고 약을 많이 친 것이라 맛이 없다.
  굵은 소금으로 문질러서 씻으면 삼투압 작용에 의해 오이 표면에 묻어 있는 잔류 농약과 불순물이 빠져 나온다.
- **만들기 포인트** _ 오이의 배를 갈라 속을 파내도 된다. 오이에는 뜨거운 소금물을 부어야 아삭아삭한 느낌이 산다.
- **다른 요리** _ 샌드위치 · 햄버거의 피클 대용

만드는 법

재료 오이 4개(**오이 절임물** 물 1.2 *l* , 소금 200g), 청 · 홍고추 각 4개, 청양고추 1개, 생강 1톨, 깻잎 5묶음
피클 시럽 물 2컵, 식초 · 설탕 각 1.5컵, 천일염 1큰술, 피클링스파이스 1/2큰술

만드는 법
1 오이를 껍질째 소금으로 문질러 씻고 과일씨 빼는 기구로 속을 둥글게 파낸다.
2 팔팔 끓인 절임물을 오이에 붓고 누름돌로 누른 뒤 뚜껑을 덮는다. 2시간 뒤에 뒤집어 주고 3~4시간 더 절인다.
3 ②의 오이를 건져 씻은 뒤 마른 행주로 물기를 닦고 채반에 넣어 꾸덕하게 말린다.
4 고추는 씨를 빼서 채 썰고, 생강은 납작하게 편으로 썬다.
5 깻잎을 씻어서 몇 장씩 쥐고 탁탁 털어 물기를 뺀 뒤 2~3장을 엇갈려 펼쳐 놓고 그 위에 고추와 생강을 놓고 만다.
6 달임장 재료를 한데 넣고 끓여서 식힌다.
7 ⑤의 깻잎을 ③의 오이 속에 채운 뒤 저장 용기에 차곡차곡 담는다.
8 오이에 피클 시럽을 붓고 누름돌로 눌러 냉장 보관한다. 3일 후면 먹을 수 있다.

노각장아찌

장아찌 숙성 기간은 1개월

노각

아토피 등의 피부 질환에 좋은 토종 오이

노각은 늙어서 빛이 누렇게 된 오이를 말한다. 일반적으로 오이가 숙성한 것을 노각이라고 하지만, 일반 오이를 수확하지 않고 놔두면 노랗게 변하면서 껍질이 마르고 속도 푸석해지면서 효능 및 기능이 상실된다. 노각은 토종 오이 종류로, 자라면서 바로 통통해지고 금세 노랗게 익는다. 요즘은 품질 좋은 노각 생산을 위해 새로운 품종을 개발하고 있다고 한다. 노각은 표면이 단단하고 거칠며 주황빛이 나는 갈색을 띤다. 영양 성분은 청오이와 비슷하게 분포하는데, 수분을 포함한 영양 성분이 전체적으로 더 많다고 한다. 민간에서는 아토피 등의 피부 질환에 큰 도움이 된다고 전해진다. 식재료로 이용할 때는 껍질이 두껍고 씨가 많으므로 숟가락으로 씨를 파내고 용도에 맞게 잘라 사용한다.

- 재료 손질법 _ 오이는 껍질째 조리할 때는 소금을 뿌려 양손바닥으로 굴리듯 문질러 준다. 이렇게 하면 색깔도 선명해지고 껍질에 있던 지저분한 것들도 깨끗이 씻어 낼 수 있다. 꼭지 부분은 쓴맛이 나므로 잘라 내고 조리하는 것이 좋다.
- 만들기 포인트 _ 노각에 끓는 소금물을 부어 충분히 절인 뒤 건져서 고추장이나 된장에 묻어 두면 또 다른 맛의 노각장아찌가 된다. 미강에 풍부한 비타민 B군을 이용하기 위한 방법이다.
- 다른 요리 _ 노각볶음, 노각조림, 노각생채, 노각냉국

만드는 법

재료 노각 2개, 소금 1/2컵, 미강(쌀겨) 2컵 **달임장** 맛국물 1/2컵, 액젓 1컵

만드는 법

1. 노각은 씻어서 작은 것은 통째, 큰 것은 세로로 이등분하여 속을 숟가락으로 파내고 씻어서 소금에 2~3시간 동안 충분히 절인다.
2. 절인 노각을 그대로 건져서 채반에 펼쳐 꾸덕꾸덕해지도록 말린다.
3. 맛국물과 액젓을 한데 넣고 끓여서 식혀 절임장을 만든 뒤 미강을 섞어 노각을 버무린다.
4. 저장 용기에 노각을 꾹꾹 눌러 담고 누름돌로 눌러 놓은 뒤 냉장 보관한다. 한 달 정도 지나면 먹을 수 있다.

우엉미소장아찌

1~3월이 제철, 장아찌 숙성 기간은 일주일

우엉

고급 식재료이자 건강차 재료

아삭아삭 씹는 식감이 매력적인 뿌리채소 중에서도 특히 우엉은 특유의 향과 맛, 아삭한 질감이 좋아 고급 식재료로 쓰이고, 수용성 식이섬유인 이눌린과 아미노산의 일종인 아르기닌이 신장 기능을 높여 이뇨 작용을 도우므로 건강차로 사랑받는다. 쌉쌀한 맛의 성분은 사포닌과 폴리페놀로, 항산화 작용 및 면역력을 강화시켜 주는 역할을 한다. 무엇보다도 우엉의 특징인 섬유질은 배변 촉진 효과가 매우 크다. 유럽에서는 관상용으로, 중국에서는 약으로 이용하고, 우리나라와 일본에서는 식품으로 주로 이용한다.

- **재료 선별과 손질법** _ 껍질에 흠이 없고 틈이 갈라지지 않은 것으로 단단하고 힘이 있는 것이 좋다. 지나치게 굵거나 가는 것은 피하고 지름이 10원짜리 동전만한 굵기의 것을 고른다. 우엉은 껍질을 벗기지 않고 칼로 긁어 내듯이 다듬어 요리하는 편이 우엉 본래의 맛과 향을 살리는 데 좋다. 껍질을 벗긴 우엉은 갈색으로 쉽게 변하는데, 식초를 조금 넣은 물에 담그면 색깔이 선명해지고 아린 맛도 적당히 제거된다.
- **만들기 포인트** _ 오이, 무, 순무 등 수분이 많은 채소는 절임 과정을 거쳐야 변패를 막을 수 있다. 돼지고기 요리에 우엉장아찌를 곁들여 내면 좋다.
- **다른 요리** _ 우엉양념구이, 우엉조림, 우엉볶음, 우엉김치, 우엉무침, 우엉찜

만드는 법

재료 우엉 200g, 당근 1개, 호박고지 60g **변색 방지 물** 식초·소금 약간

절임 양념 미소 400g, 플레인 요구르트 1통(250g), 소금 1큰술, 다시마 1장(저장 용기 넓이)

만드는 법

1. 우엉 껍질을 긁어 낸 뒤 어슷썰기해서 식초·소금물에 담가 변색을 막는다.
2. 당근은 5mm 두께로 통썰기하고, 호박고지는 물에 살짝 씻어서 건져 놓는다.
3. 우엉, 당근, 호박고지의 물기를 깨끗한 행주로 닦아 낸다.
4. 절임양념 재료를 골고루 섞어 놓는다.
5. ③의 채소에 절임양념을 버무려 보관 용기에 꼭꼭 눌러 담은 뒤 다시마로 덮어 표면이 마르지 않게 한다.
6. 냉장 보관하면 서서히 숙성되고, 실온에 두면 일주일 뒤에 먹을 수 있을 정도로 숙성된다. 숙성 후에는 냉장 보관해 두고 먹는다.

Tip 다시마를 덮는 것은 일본의 절임 방식으로, 다시마를 맨 위에 덮으면 공기를 차단하고 감칠맛을 낸다.

청경채소금요구르트절임

즉석에서 먹는 발효 식품

청경채

중국요리에 폭넓게 쓰는 채소

중국 배추의 일종류로 중국요리에 많이 쓰이는데, 특별한 향이나 맛이 나지 않아 주로 소스의 맛을 살리는 요리로 이용되며, 녹즙과 쌈채소로도 많이 쓰인다. 칼슘, 나트륨 등 각종 미네랄과 비타민 C나 카로틴이 풍부하여 피부 미용에 효과적이고 치아와 골격의 발육에 도움이 된다.

요구르트는 칼슘이 풍부하며 다양한 영양소가 들어 있는 발효 식품으로, 장내 생태 환경을 개선하며, 세포의 돌연변이를 막아 암 예방 효과가 있다. 따라서 암 발생 위험이 높은 사람들에게 권하는 식품이다.

- 재료 선별과 손질법 _ 한 포기에 잎이 많이 달린 것으로 모양이 흐트러지지 않은 것을 고른다. 잎이 지나치게 크거나 모양이 눌린 것은 좋지 않다.
- 만들기 포인트 _ 요구르트의 유산균과 소금의 염화나트륨이 만나서 염장 시 수분이 빠져 나오는 것을 방지해서 더욱 촉촉하고 식감을 돋우는 즉석 절임 방법이다. 저염을 원하지만 우유 냄새가 거북한 사람은 흐르는 물에 깨끗이 씻어서 양념에 무쳐 먹는다. 이미 간이 되어 있기 때문에 간장이나 소금을 더하지 않는다.
- 요구르트 활용법 _ 생선을 소금 요구르트에 20분간 절이면 비린내가 없어지고 생선살이 탄탄해진다. 다만 생선에 칼집을 넣으면 수분이 빠져나와 살이 퍽퍽해지므로 주의한다. 쇠고기, 돼지고기, 닭고기 등의 육류를 소금 요구르트에 10분 미만으로 숙성시킨 뒤 따뜻한 물에 헹구고 나서 얼음물에 잠깐 담그면 누린내가 없어지고 육즙의 풍미를 느낄 수 있다.

만드는 법

재료 청경채 300g, 식초 약간 **절임장** 요구르트 100g, 천일염 1작은술
드레싱 올리브유 2큰술, 꿀 1큰술

만드는 법

1. 식초를 1~2방울 떨어뜨린 물에 청경채를 살짝 담갔다가 잎을 벌려 흐르는 물에 헹구고 체에 밭쳐 물기를 뺀다. 밑동을 잘라 내고 굵은 잎은 낱낱이 떼어 낸다.
2. ①의 청경채에 절임장을 넣고 30분간 절인다.
3. ②의 청경채에 드레싱을 넣고 가볍게 섞어서 접시에 담는다.

Tip 요구르트가 청경채의 풋내를 잡아 주어 고급스런 샐러드 맛이 난다. 식단 조절에 좋은 저염식이다.

콩나물장아찌

1년 내내 구입 가능, 장아찌 숙성 기간은 5일

콩나물

대한민국의 대표적인 음식 재료

콩나물은 생육 기간이 짧고, 재배가 비교적 손쉬울 뿐만 아니라 가격이 저렴하여 대중적인 전통 식품이다. 단백질, 비타민, 무기질이 풍부하고 저칼로리이면서 다른 식품의 요리에서 부피를 늘리는 재료로 사용된다. 콩나물 대가리를 말린 것을 한의학에서는 '대두황권大豆黃卷'이라고 하며, 우황청심환 등을 만드는 재료로 쓰인다.《동의보감》에는 몸이 무겁고 저리거나 근육과 뼈가 아플 때 약으로 쓰고, 염증 억제 및 위의 울열을 제거하는 효과가 있다고 기록되어 있다.

- **재료 선별과 손질법** _ 장아찌용 콩나물은 줄기가 희고 두꺼운 찜용으로 고른다. 길이는 짧고 투명감이 있는 것이 맛도 좋고 영양가도 많다. 검은 점이 있거나 머리 부분이 너무 물렁물렁해진 것은 오래된 것이므로 주의한다.
  지저분하게 붙어 있는 깍지를 벗겨 내고 물에 여러 번 씻는다. 나물용은 삶는 물에 소금을 조금 넣은 뒤 뚜껑을 덮은 채, 또는 처음부터 뚜껑을 덮지 않은 채 비린내가 나지 않을 정도로만 삶는다.
- **만들기 포인트** _ 장아찌용 콩나물은 찜용의 줄기가 통통한 것이 좋다. 줄기가 가늘고 긴 것은 장아찌를 담갔을 때 질기다.
- **다른 요리** _ 콩나물북어찌개, 콩나물장조림, 콩나물잡채, 콩나물오믈렛, 콩나물무침, 콩나물해물찜

만드는 법

재료 콩나물(찜용) 600g, 마른 고추 1개

달임장 맛국물 2컵, 조선간장 3/4컵, 설탕 6큰술, 식초 2큰술, 매실청 1/2큰술

만드는 법

1 콩나물은 맹물에 넣어 뚜껑을 열고 재빨리 삶아 건져 찬물에 헹군다.
2 삶은 콩나물을 채반에 널어 물기를 없애고 저장 용기에 담는다. 이때 고추를 함께 넣는다.
3 달임장 재료를 한데 넣고 끓여서 식힌다.
4 ②의 콩나물에 달임장을 붓고 반나절 정도 실온에 둔다. 2~3일 뒤에 장물만 따라 내어 끓였다가 식힌 후에 다시 부어서 냉장 보관한다.
5 5일 정도 지나면 먹을 수 있다.

Tip 고추를 넣으면 매운맛이 약간 감돌아 맛이 산뜻해진다. 파를 넣지 않는 대신 쓸 수 있는 방법이다.

토란장아찌

토란 제철은 가을, 장아찌 숙성 기간은 1개월

토란

장 기능을 원활하게 하고, 피로 해소 효과가 큰 뿌리채소

토란은 수분이 많아 뿌리채소류 중에서는 칼로리가 낮고, 단백질·칼륨 등의 영양소와 식이섬유를 많이 함유하고 있다. 미끌거리는 점액은 단백질과 탄수화물이 결합하여 만들어진 무틴이라는 수용성 식이섬유로, 위 점막을 보호하여 위장의 기능을 강화하고 혈중 콜레스테롤 수치의 상승과 암을 억제하고 뇌세포를 활성화하는 역할도 한다. 풍부한 식이섬유는 변비 개선에도 도움이 된다. 한방에서는 위와 장의 기능을 돕는 식품으로 여겨 고기와 송편을 과식하여 탈이 나기 쉬운 추석에 먹는 계절 음식으로 추천하고 있다.

- **재료 선별과 손질법** _ 표면이 마른 것보다 흙이 묻어 있고 촉촉한 것, 눌렀을 때 몸이 단단한 것이 좋다. 토란을 손질할 때는 비닐장갑을 껴야 두드러기를 방지할 수 있다. 토란은 쌀뜨물에 담갔다가 껍질을 벗겨 소금물에 살짝 삶아 찬물에 헹구면 독성이 사라지고 미끈거림도 줄어든다. 토란 껍질을 벗길 때는 조금 두꺼운 듯하게 벗긴다.
- **만들기 포인트** _ 밑간한 토란을 꾸덕하게 말려야 물기로 인해 변패되는 것을 막을 수 있다. 장아찌용 고추장은 반드시 덜어서 사용해야 용기에 든 전체 고추장 맛이 변하는 것을 막을 수 있다.
- **다른 요리** _ 토란크로켓, 토란조림, 토란탕, 토란볶음, 토란찜, 토란곰국

만드는 법

재료 토란 2kg, 천일염 1큰술 **달임장** 맛국물 2컵, 조선간장 2컵, 설탕·식초 각 1컵, 천일염 1/2큰술 **저장용 양념** 고추장 4컵, 조청 1컵

만드는 법

1 토란 껍질을 벗기고 물에 씻은 뒤 끓는 물에 소금을 넣고 살짝 데친다.
2 데친 토란을 찬물에 깨끗이 문질러 씻어 미끈거리지 않게 한다.
3 식초를 제외한 달임장 재료를 한데 넣어 끓어오르면 식초를 넣고 식혀서 달임장을 만든다.
4 토란을 마른 행주로 닦아 물기를 없앤 뒤 저장 용기에 차곡차곡 담고 달임장을 부은 뒤 누름돌로 눌러 둔다.
5 2~3일 뒤에 토란을 건져 내어 채반에 펼쳐서 꾸덕하게 말린다.
6 저장용 양념 2/3 분량으로 토란을 버무려서 저장 용기에 꼭꼭 눌러 담는다. 남은 양념으로 토란 위를 덮는다.
7 시원한 곳에서 한 달간 숙성시킨다. 먹을 만큼씩 꺼내 고추장을 훑어 내고 썰어서 먹는다. 입맛에 맞게 양념해 먹어도 좋다.

파프리카피클

피클 숙성 기간은 3~5일

파프리카

알록달록 아름다운 색깔만큼 항산화력이 큰 단고추

비타민류의 전체적인 함유량은 피망과 비슷하지만, 특히 베타카로틴, 비타민 C·E 등은 피망보다 풍부하여 보다 강한 항산화력을 가진 채소라고 할 수 있다. 비타민 C는 일반적으로 열에 의해 쉽게 파괴되지만, 파프리카는 두꺼운 과육에 의해 보호되므로 가열해도 손실량이 적다. 날것을 얇게 썰어 샐러드에 넣거나 오븐에 굽거나 기름에 볶는다. 가열하면 날것보다 단맛이 더 강해진다. 특히 비타민 E가 풍부한 올리브유와 함께 섭취하면 카로티노이드 및 비타민 C의 항산화 작용이 더욱 강화된다.

파프리카피클

재료 파프리카 색깔별로 1개, 양파·청양고추 각 1개 **피클 시럽** 물 1컵, 식초·설탕 각 1/2컵, 소금·피클링스파이스 각 1작은술

만드는 법

1. 파프리카, 청양고추는 씨를 빼고 먹기 좋은 크기로 자르고, 양파는 파프리카와 같은 크기로 자른다.
2. 소독한 유리병에 파프리카와 양파, 청양고추를 담고 피클 시럽을 끓여서 붓는다.
3. 뚜껑을 닫아 피클 시럽이 식으면 거꾸로 뒤집어 냉장 보관한다. 3~5일 뒤에 먹을 수 있다.

모듬채소피클

재료 양파 1/2개, 파프리카 색깔별로 1/4개, 오이 1/2개, 콜리플라워 1/4개, 셀러리 1/2대, 홍고추·청양고추 각 1개 **피클 시럽** 물 2컵, 식초·설탕 각 1컵, 소금 2작은술, 피클링스파이스 1큰술, 월계수잎 2장

만드는 법

1. 파프리카와 양파는 2×2cm로 썰고, 오이는 둥근 모양을 살려 0.5cm 두께로 썬다. 셀러리와 고추는 어슷썰기 한다.
2. 콜리플라워는 송이송이 떼어 내어 소금물에 데친다.
3. 냄비에 피클 시럽 재료를 넣고 끓인 뒤 소독한 유리병에 채소를 담고 피클 시럽을 붓는다.
4. 반나절 실온에 둔 후에 거꾸로 뒤집어서 냉장 보관한다. 2~3일 지나면 먹을 수 있다.

채소미강절임

숙성 기간은 10일

미강

중금속 해독 작용이 뛰어난 쌀 부산물

미강米糠은 벼에서 왕겨를 뽑고 난 현미를 백미로 도정하는 공정에서 분리되는 고운 속겨로, 흔히 '쌀겨'라고 부른다. 배아를 보호하는 부분으로, 쌀의 영양분이 29%나 들어 있다. 식이섬유, 단백질, 지방, 비타민 B, 무기질을 많이 함유하고 있으며 피틴산이 들어 있어 중금속 해독과 항암 작용이 탁월하다. 또한 피부 마사지 재료로도 좋다.

절임 음식을 만들 때 미강은 며칠이 지나야 발효를 시작하지만 일단 발효된 후에는 계속해서 원하는 채소를 집어넣어서 발효시킬 수 있다.

• **만들기 포인트** _ 채소를 다 먹어도 발효된 미강은 버리지 않고 다시 채소를 넣어 발효시켜 먹는다. 청주 대신 맥주나 포도주를 넣어도 좋다. 쌀겨와 향신료의 맛이 어우러져 누룩 냄새가 난다.

재료 미강(쌀겨) 1kg, 물 1 l , 다시마 10cm, 된장 120g, 무 250g, 당근 120g, 양배추 200g, 배 1/4개, 소금 4큰술, 청주 1컵, 생강 1톨, 마른 고추 3개

만드는 법

1. 냄비에 말린 겨를 넣고 약한 불에서 저어 가며, 갈색이 돌면서 향긋한 겨 냄새가 날 때까지 볶는다. 볶지 않아도 되지만 볶으면 쌀겨 냄새가 구수한 냄새로 바뀐다.
2. 끓인 물 1컵에 다시마를 넣고 30분 정도 불린다.
3. 물 1 l 에 소금 4큰술을 넣고 저어서 소금물을 만든다.
4. 소금물에 된장을 넣어 완전히 풀어지게 한다. 여기에 청주를 섞는다.
5. ②의 다시마 불린 물을 ④의 소금물에 섞는다.
6. 볶은 미강에 소금물을 조금씩 부어 가며 반죽을 잘 섞는다. 된장과 비슷한 질감이 나면 좋다.
7. 마른 고추는 꼭지를 제거하고 씨를 빼고 자른다.
8. 무와 당근은 단면적을 크고 납작하게 썬다. 양배추는 크게 자르고. 생강은 여러 쪽으로 나누어 썬다.
9. ⑥을 용기 바닥에 깔고 채소들이 서로 맞닿지 않게 거리를 두고 놓은 후, 다시 미강을 얹어 채소가 공기에 닿지 않도록 꾹꾹 누른다.
10. 서늘한 실온에 두고 하루에 한 번, 여름에는 아침저녁으로 한 번씩 뚜껑을 열어 손으로 위아래를 잘 섞는다. 항아리에서 채소를 꺼낼 때는 손으로 꺼내고 손에 묻어 나오는 미강은 말끔히 떼어 내어 다시 항아리에 넣는다. 3일간 이 과정을 반복하고 서늘한 실온에서 10일 정도 두었다가 묻어 둔 채소가 새콤한 맛이 나면 물에 살짝 씻어서 그대로 얇게 썰어 먹거나 양념에 무쳐 먹는다.

동치미무된장장아찌

장아찌 숙성 기간은 1개월

동치미알타리무

겨울에 먹는 대표적인 김치

한겨울에 살얼음이 동동 뜬 동치미를 먹으면 속이 시원해지며 머리가 맑아진다. 동치미의 본디말은 한자어 '동침冬沈'에 접미사 '이'가 붙어 만들어진 '동침이'로, '겨울에 먹는 김치'라는 의미다. 떡이나 고구마를 먹을 때 곁들이면 체하는 것을 예방하며, 특히 어린이의 밥상에 자주 올리면 소화력을 개선하여 건강에 도움이 된다. 동치미에 들어있는 무에는 해독을 도와주는 베타인 성분이 풍부하여 숙취 해소는 물론 간 건강에도 좋다.

- 재료 선별과 손질법 _ 알타리무는 모양이 둥글고, 작고 단단하며 무청이 싱싱한 것이 좋다. 무청 부분이 넓게 퍼진 것이 연하고 맛있다. 껍질을 벗기면 무가 쉽게 물러지므로 겉에 묻은 흙만 수세미로 문질러서 씻어 사용한다.
- 만들기 포인트 _ 무장아찌의 물기를 빼고 고추장이나 된장으로 숙성시키면 또 다른 맛의 장아찌가 된다.
  일반적인 방법은 무에 간장물을 붓고 맛이 들면 꺼내어 고추장이나 된장에 박아서 2~3개월 이상 숙성시켜 먹는 것이다.
- 다른 요리 _ 알타리무조림, 알타리무김치, 알타리무물김치, 알타리무동치미

만드는 법

재료 동치미알타리무 20개 **달임장** 맛국물 2컵, 조선간장 1/2컵, 설탕 1/2컵, 조청 1/2컵, 청주 1/2컵, 강황(울금) 가루 2큰술

만드는 법

1 동치미알타리무를 꺼내 채반에 놓고 통째로 그늘에서 꾸덕하게 말려 보관 용기에 담는다.
2 강황 가루를 제외한 달임장 재료를 한데 넣고 끓어오르면 식힌 뒤 강황 가루를 넣고 잘 풀어 무에 붓는다.
3 실온에 2~3일 두었다가 장물을 따라 내어 끓여서 식혀 붓고 누름돌로 눌러 바람이 잘 통하는 서늘한 곳에 보관한다.
4 1개월 뒤에 맛이 들면 꺼내어 그대로 먹거나 양념하여 먹는다.
   Tip 숙성된 장아찌를 된장에 묻으면 된장장아찌가 된다. 된장 맛이 제대로 드는 기간은 2개월이다.

김장김치장아찌

장아찌 숙성 기간은 일주일

김장김치

겨우내 반식량에서 사시사철 별미로

들국화 필 무렵에 / 가득 담았던 김치를 / 아카시아 필 무렵에 / 다 먹어 버렸다.

강소천 시인의 〈조그만 하늘〉이라는 시의 첫 구절이다. 흙을 깊게 파고 항아리를 묻었던 움막(김치각, 김치광)에서 마지막 김치를 꺼낼 때즘 어김없이 아카시아가 피고 뻐꾹새가 울었다. 가을에 넉넉히 담아 둔 김치는 겨우내 없는 살림에 '반식량' 역할을 톡톡히 해 주었고, 봄햇살이 온화해지면서 김치에서 군내가 나기 시작하면 남은 김치를 항아리에서 모두 꺼내 물에 담가 짠물을 우려내 볶아 먹거나 쌈으로 먹었다.

김치냉장고의 보급으로 김치가 1년 내내 제맛을 유지하면서 김치 담그는 철도 따로 없는 듯하지만, 계절에 따라 제철에 맞는 재료로 김치를 담가야 건강한 식단을 유지할 수 있다. 더운 여름에는 열무나 오이 등의 시원한 김치로 몸을 식혀 주는 것이 좋고, 묵은 김장김치는 어쩌다 별미로 먹는 것이 좋다고 한다. 이럴 때 자칫 쌓이기 쉬운 김치로 만들 수 있는 것이 김치장아찌이다.

• 만들기 포인트 _ 김장김치가 너무 시어지고 맛이 없다면 김치 속을 털어 내고 씻어서 장아찌를 만드는 것이 좋다. 여름철에 입맛이 없을 때 적당하게 썰어서 양념에 조물조물 무쳐서 먹으면 개운해서 입맛을 돋운다.

만드는 법

재료 김장김치 1포기(꾸덕한 김치 400g), 마른 고추 1개
달임장 맛국물 2컵, 액젓 1/4컵, 조청 1/4컵

만드는 법
1. 김장김치는 물에 씻어서 채반에서 꾸덕하게 말린 뒤 보관 용기에 담는다.
2. 달임장 재료를 한데 넣고 끓여서 식혀 ①에 붓고 실온에 둔다.
3. 3일이 지나면 장물을 따라 내어 끓여서 식힌 뒤 다시 붓고 바람이 잘 통하는 서늘한 곳에 보관한다. 일주일이 지나면 맛이 든다.
4. 먹을 때는 그대로 개운하게 먹거나 양념하여 먹는다.

흔한 채소를 특별하게 먹는 방법
숙장과

생절임장아찌와 숙장과의 차이

생절임장아찌의 가장 큰 장점은 원재료의 맛을 유지하면서 가열로 인해 손실될 수 있는 비타민을 막을 수 있다는 점이다. 채소로 장아찌를 만들어 먹으면 날것으로 먹을 때에 비해 미네랄과 비타민 A·B·C 및 식이섬유량이 증가한다. 그 이유는 수분이 빠져나가면서 부피는 줄어들지만 영양분은 그대로 남아 있기 때문이다. 따라서 같은 양의 채소와 장아찌를 비교하면 장아찌에 들어 있는 영양소의 양이 월등히 많다. 또한 장에 넣어 숙성시키는 과정에서 장 성분이 채소와 함께 숙성되기 때문에 독특한 맛이 난다. 장아찌 중에서도 식초에 절인 장아찌는 살균력이 강해서 소금 농도가 낮아도 방부 작용을 하며, 식욕 증진 효과가 있다.

익힌 장아찌 숙장과 熟醬瓜

숙장아찌는 숙성 기간이 오래 걸리는 전통적인 장아찌와 달리 필요할 때 즉석에서 만들어 먹는 장아찌 형태의 음식이다. 익혔다고 하여 '숙장과', 갑자기 만들었다고 하여 '갑장과'라고도 한다. 장아찌를 궁중에서는 '장과醬瓜'라 불렀는데, 원래 궁중에서는 간장이나 된장, 고추장 등에 절이는 생절임장아찌를 만들어 먹지 않았다고 한다. 채소를 절인 뒤 양념하여 볶거나 조려서 장아찌 질감을 냈다.

숙장과 종류

- **오이갑장과** _ 오이의 씨를 빼고 막대 모양으로 썰어 소금에 절인 뒤 쇠고기채, 표

고버섯과 함께 볶아 깨소금과 참기름에 무친 것이다. 오이의 푸른색이 살아 있고 아작아작 씹히는 맛이 좋은 별미로 오이숙장과라고도 한다.
● 오이통숙장과 _ 작은 오이를 통째로 절여서 사용하거나 오이소박이처럼 칼집을 내어 절인 뒤 양념한 고기볶음을 소로 채운 뒤 볶다가 간장을 부어 조린 장과다.
● 무갑장과 _ 무가 맛있는 가을철에 담그는데 무를 막대 모양으로 썰어 간장에 절여서 쇠고기와 함께 볶아 만든 갑장과로, 무숙장과라고도 부른다.
● 열무숙장과 _ 연한 열무를 이용한 여름철 별미다. 모두 센 불에서 얼른 볶아야 하고 볶아낸 후 참기름, 깨소금, 파, 마늘 등의 양념을 적당하게 써야 맛이 난다.
● 머위숙장과 _ 머위 줄기의 껍질을 벗기고 잘라서 삶은 뒤 꿀이나 설탕을 넣고 까맣게 조린 것이다. 이때 씨를 뺀 통고추를 넣으면 맛이 더욱 좋아진다.

무숙장과 만드는 법

무를 장이나 소금에 절이고, 쇠고기와 표고버섯을 센 불에서 볶아 씹히는 맛이 있게 한다.
1 재료 준비 _ 재료와 양념을 준비한다.
2 재료 썰기 _ 요리에 맞는 크기로 자른다.
3,4 재료 볶기 _ 쇠고기와 주재료를 곱게 채 썰어 양념하여 볶는다.
5 완성하기 _ 볶은 재료에 참기름과 깨소금을 넣어 무친다.
6 상에 올리기 _ 보기 좋게 담아 낸다.

채소숙장과

신선한 채소로 만드는 즉석 장아찌

무숙장아찌

재료 무 300g, 간장 4큰술, 표고버섯 1개, 미나리 10g, 쇠고기(홍두깨살) 50g **쇠고기양념** 간장·설탕·다진 마늘 각 1/2작은술, 깨소금·참기름 각 1작은술, 후춧가루 약간

만드는 법

1 무는 4×0.7cm 크기로 썰어 간장으로 절인 다음 꼭 짠다.
2 미나리는 줄기만 다듬어 3~4cm 길이로 썬다.
3 쇠고기와 표고버섯은 곱게 채 썰어 함께 양념하여 볶는다.
4 절인 무도 함께 센 불에서 볶는다.
5 무를 절였던 간장과 ②의 미나리도 함께 넣어 센 불에 볶는다.
6 볶아 둔 재료를 식힌 후 모두 합하여 참기름, 깨소금을 넣어 무쳐 낸다.

미나리장과

재료 미나리 1단(150g), 소금 1/2큰술, 쇠고기(우둔살) 50g, 표고버섯 2개, 석이버섯 2장, 홍고추 1/2개 **쇠고기양념** 간장 1큰술, 설탕 1큰술, 다진 파 1큰술, 다진 마늘 1/2큰술, 후춧가루 1/2작은술, 깨소금 1작은술, 참기름 1큰술, 식용유·소금·잣가루 약간

만드는 법

1 미나리는 잎을 떼어 내고 싱싱한 줄기만 골라 깨끗이 씻어 4cm 길이로 썬다. 홍고추는 씨를 빼고 3cm 길이로 채썰기한다.
2 쇠고기는 결대로 가늘게 채 썰어 쇠고기양념 2/3에 무친 후 팬에 볶아 큰 그릇에 펼쳐 식힌다.
3 표고버섯은 따뜻한 물에 불려서 채를 썰어 남겨 둔 쇠고기양념으로 양념하여 식용유에 살짝 볶아 식힌다.
4 석이버섯은 뜨거운 물에 불려 손바닥을 비비면서 돌과 이끼를 제거하고 곱게 채 썰어 살짝 볶는다.
5 달군 팬에 식용유를 약간 두르고 미나리, 홍고추를 넣어 빨리 저으면서 소금을 솔솔 뿌려 볶은 것을 식힌다.
6 준비된 재료를 모두 섞어서 무치고 석이채를 섞는다.
7 그릇에 담고 잣가루를 뿌려 낸다.

파숙장아찌

재료 쪽파 300g, 미나리 100g, 쇠고기 100g **쇠고기양념** 간장 1큰술, 파 4g, 깨소금 1/2작은술, 후춧가루 1/8작은술, 참기름 1작은술, 간장 2큰술, 고춧가루 1큰술, 깨소금 1큰술

만드는 법

1. 쪽파와 미나리는 손질하여 깨끗이 씻어 4cm 길이로 썬다.
2. 끓는 물에 소금을 넣고 미나리와 파를 넣어 살짝 데쳐서 찬물에 헹구어 식힌 후 면포에 싸서 물기를 거둔다.
3. 쇠고기는 곱게 다져서 쇠고기양념을 넣어 양념한다.
4. 팬을 달구어 쇠고기를 볶아서 식힌다.
5. 준비된 쇠고기에 파와 미나리를 넣고 고루 섞은 다음 고춧가루, 깨소금을 넣고 간장으로 간을 맞춘다.
6. 그릇에 보기 좋게 담아낸다.

깻잎숙장아찌

재료 깻잎 50장, 다진 쇠고기 200g, 맛국물 1컵 **양념** 참기름 1큰술, 다진 파 2큰술, 다진 양파 2큰술, 다진 생강 1/2큰술, 된장 5큰술, 통깨 약간

만드는 법

1. 핏물을 뺀 쇠고기는 곱게 다진다.
2. 달군 팬에 참기름을 두르고 된장을 제외한 양념을 넣고 볶다가 쇠고기를 넣고 볶는다.
3. ②에 된장을 넣고 볶다가 맛국물을 넣고 풀어 가며 걸쭉하게 끓인 뒤에 통깨를 넣고 고루 섞어 식힌다.
4. 씻은 깻잎을 엎어서 물기를 탁탁 털어 내고 3장씩 겹쳐 차곡차곡 쌓아 가며 된장양념을 바른다. 즉석에서 바로 먹을 수도 있다.

Tip 깻잎에 양념한 쇠고기를 볶아 된장양념에 섞어서 깻잎 사이사이에 넣는다. 깻잎찜과 비슷한 모양이지만 깻잎의 향과 잎의 질감이 그대로 살아 있는 즉석 장아찌이다.

과일, 열매로 만드는
장아찌 & 피클

곶감장아찌

장아찌 숙성 기간은 1개월

곶감

한방에서도 약으로 쓰는 보약 과일

감은 숙취를 방지하는 과일로도 유명하다. 떫은맛 성분으로서 알코올 분해 작용을 하는 타닌은 이뇨를 촉진하는 칼륨과 함께 숙취의 원인이 되는 유해 물질을 효과적으로 체외로 배출해 준다. 또한 감의 어린잎에는 항알레르기 작용을 하는 폴리페놀 성분의 일종인 아스트라갈린astragalin이 함유되어 있어 꽃가루가 날리기 전에 잎을 달여 마시면 화분증을 예방할 수 있다. 단감은 체했을 때나 동상에 걸렸을 때 좋고, 홍시는 피로 해소와 기미에 좋다. 곶감은 딸꾹질, 위장염, 대장염에 도움이 된다.

비타민 C는 귤 이상으로 많이 들어 있어 감기 바이러스의 활동을 억제하는 작용을 하여 인플루엔자 등의 감염증을 예방한다. 카로티노이드의 일종인 베타크립토잔틴β-cryptoxanthin은 비타민 C와의 상승작용으로 강력한 항암 효과를 발휘한다. 항암·항염증 등 항산화 작용이 크고 이뇨 및 주름 방지 효과가 있는 시아니딘은 100g 중 45mg으로 풍부하다.

- **재료 선별과 손질법** _ 감은 껍질이 매끈하고 선홍색으로 위아래의 색깔이 거의 같고 꼭지가 찌그러지지 않은 것이 좋다. 꼭지의 반대쪽과 씨 주위가 가장 달고 맛있으므로 세로로 잘라 껍질을 얇게 깎아 먹는다. 떫은 감은 두꺼운 종이에 하나씩 싸서 그늘진 곳에 두거나 쌀 속에 20일 정도 묻어 두면 공기가 통하지 않아 떫은맛이 없어지고 단맛이 증가한다.
- **만들기 포인트** _ 익지 않은 떫은 감으로 장아찌를 담그려면 끓는 물에 소금과 식초를 넣어 감에 붓고 돌로 눌러 한 달 후에 떫은맛을 없앤 다음 달임장을 붓는다. 고추장장아찌와는 다른 맛을 즐길 수 있다.
- **다른 요리** _ 수정과, 곶감죽, 곶감호두말이, 감떡, 단감샐러드, 홍시아이스크림, 홍시샤베트

만드는 법

재료 곶감 500g **절임장** 고추장 500g, 조청 2큰술

만드는 법

1. 반쯤 건조된 곶감을 선택해서 씨를 발라 놓는다.
2. 고추장과 조청을 섞어 절임장을 만든다.
3. ①의 곶감에 절임장을 넣고 버무려 저장 용기에 꾹꾹 눌러 담는다.
4. 실온에 하루 정도 두었다가 냉장실에 넣어 숙성시킨다. 1개월 정도 지나면 먹을 수 있다.
5. 먹을 양만큼만 꺼내서 고추장을 훑어 내고, 기호에 따라 참기름과 통깨를 넣고 무친다.

대추장아찌

장아찌 숙성 기간은 10일

대추

피로 해소, 노화예방 효과가 큰 전통 과일

대추는 날것으로도 먹고 말려서 식재료나 약으로 쓴다. 한방 건강식을 만들 때 대추를 넣는 이유는 다양한 약재와 조화를 이루며 약물의 독성과 부작용을 중화하기 때문이다. 《동의보감》에는 대추에 대해 '맛이 달고 독이 없으며, 속을 편안하게 하고 오장을 보호한다. 오래 먹으면 안색이 좋아지고 몸이 가벼워지면서 늙지 않게 된다'라고 적고 있다.

대추에는 비타민 C가 풍부하고, 단백질·탄수화물·칼륨·칼슘 등의 영양소와 유기산이 풍부하다. 특히 헤스페리딘(비타민 P) 성분은 비타민 C의 작용을 도와 혈관을 튼튼하게 하여 동맥경화와 뇌출혈 같은 혈류 질환을 예방한다.

대추의 단맛은 신경 안정 효과가 있어서 수험생이 대추차를 꾸준히 마시면 머리가 맑아지며, 불면증이 있거나 꿈이 많은 사람, 신경질이 심한 사람에게 도움이 된다. 또한 대추는 몸을 따뜻하게 하므로, 몸이 차서 감기에 잘 걸리는 사람에게도 좋다.

- **재료 선별과 손질법** _ 마른 대추는 알이 크고, 주름이 고르며, 탄력이 있는 것이 좋다. 온도가 높은 곳에 두면 썩기 쉬우므로 건조하고 서늘한 곳에 보관한다. 냉장고에 넣을 때는 습기를 흡수하지 않도록 밀봉하여 보관한다. 물에 담가 씻으면 수분을 흡수해서 퉁퉁 불어 장아찌의 저장성이 나빠진다. 반드시 젖은 수건으로 꼼꼼히 닦아야 주름 사이에 박혀 있는 이물질이 제거된다.
- **만들기 포인트** _ 간장장아찌를 만들어 술안주나 반찬으로 먹어도 좋다.
- **다른 요리** _ 대추밥, 대추인절미, 대추전병, 대추초, 대추주악

만드는 법

재료 대추 300g, 간장 2큰술, 무명실 약간
절임장 고추장 1컵, 고운 고춧가루 1큰술, 설탕 3큰술, 생강즙 1큰술

만드는 법

1 대추는 젖은 수건으로 하나씩 꼼꼼히 닦은 뒤 돌려 깎는다.
2 손질한 대추를 3개씩 돌돌 말아 무명실로 묶는다.
3 절임장 재료를 한데 섞는다.
4 ②의 대추를 간장에 버무려 10분 정도 재운 뒤 다시 절임장을 넣고 버무린다.
5 ④를 저장 용기에 꾹꾹 눌러 담고 2~3일 실온에 두었다가 냉장 보관한다. 10일 정도 지나면 꺼내어 대추에 묶인 실을 풀고 썰어서 상에 낸다.

매실절임

매실은 망종과 하지 사이가 제철, 장아찌 숙성 기간은 20일

매실

3천 년 역사를 지닌 건강 보조 식품

매실은 수확 시기와 가공법에 따라 명칭이 다르다. 흔히 볼 수 있는 초록색 청매靑梅, 노랗게 익은 황매黃梅, 청매를 증기에 쪄서 말린 금매金梅, 청매 껍질을 벗겨서 나무나 말린 풀을 태운 연기에 그을려 만든 오매烏梅, 청매를 소금물에 절였다가 햇빛에 말린 백매白梅 등으로 나눌 수 있다. 매실 수확은 약성이 가장 좋다고 알려진 망종(6월 6일)~하지(6월 21일) 사이에 하는 것이 좋다.
매실주용은 덜 익은 열매를, 매실장아찌용으로는 여물기 시작한 것이 좋다. 완숙한 것은 설탕을 넣고 조려서 잼을 만든다. 매실청(원액)을 추출할 때는 작은 것이 설탕과 닿는 면적이 많아서 매실청이 잘 우러난다.

- **재료 선별과 손질법** _ 매실은 수확기에 따라 유기산의 함량이 다르므로 용도에 따라 구매 시기를 달리 한다. 수확기인 6월을 기준으로 농축액은 1주차, 매실주는 2주차, 장아찌는 3~4주차에 구매하는 것이 좋다. 매실은 지름 4cm 정도 크기에 상처가 없고, 깨물었을 때 신맛과 단맛이 나며, 씨가 작고 과육이 많은 것이 좋다.
- **만들기 포인트** _ 매실절임은 그대로 먹거나 고추장양념에 무쳐 먹는다. 매실절임을 꾸덕하게 말려 고추장에 버무리면 매실고추장장아찌가 된다. 매실절임에 차즈기 잎과 설탕을 넣고 3~4일 후 국물만 따라 내어 끓여서 식혀 붓기를 3~4회 반복하면 매실김치가 된다.
- **다른 요리** _ 매실주, 매실잼, 매실차, 매실액

만드는 법

재료 매실(청매) 1㎏, 설탕 600g **절임물** 물 1ℓ, 소금 1/2컵

만드는 법

1. 청매를 물에 씻어서 소금물에 담가 3~4시간 절여 채반에 펼쳐 물기를 없애고 씨를 뺀다.
2. 매실을 세워 놓고 방망이로 꼭지 부분을 톡 치면 반으로 갈라지면서 씨와 살이 분리된다.
3. ②의 매실에 설탕 400g을 골고루 뿌려 섞고 저장 용기에 꾹꾹 눌러 담은 뒤 남은 설탕으로 설탕 덮개를 만든다.
4. ③의 윗부분을 누름돌로 누른 뒤 뚜껑을 덮고 서늘한 곳에 20일가량 둔다.
5. 먹을 만큼씩만 건져서 국물을 꼭 짜고 소금으로 적당히 간한 뒤 보관 용기에 꾹꾹 눌러 담고 실온에 2~3일 두었다가 냉장 보관해 두고 먹는다.

Tip 숙성된 매실절임을 고추장에 무치면 매실고추장장아찌 맛이 난다.

사과고추장장아찌

종류에 따라 여름~가을에 수확, 장아찌 숙성 기간은 20일

사과

우리나라 사람이 가장 많이 먹는 과일

'하루에 사과 한 알이면 의사가 필요 없다'라는 영국 속담처럼 사과는 맛과 영양을 골고루 갖춘 세계적인 과일이다. 사과의 단맛을 내는 과당·포도당은 흡수율이 좋아 신속히 에너지로 대사된다. 나트륨을 배출하는 효과가 있는 칼륨이 많이 함유되어 있다. 일교차가 심하고 비교적 추운 지방에 위치한 사과 생산지에 고혈압 환자가 적다는 통계를 보면 사과의 칼륨 성분과 관련이 깊을 것이라 짐작할 수 있다. 사과의 신맛을 구성하고 있는 구연산·사과산·주석산 등의 유기산은 모두 활성 산소를 제거하는 데 도움을 준다. 또한 피로 물질의 축적을 억제하여 피로 해소 효과를 높여 준다. 사과의 가장 큰 특징이라 할 수 있는 식물성 섬유인 펙틴은 혈당치와 혈중 콜레스테롤 수치의 상승을 억제함으로써 당뇨병을 예방하고 변비를 개선하여 노폐물을 배설하는 데 기여한다. 사과의 폴리페놀 성분인 클로로겐산은 대장암과 피부 노화를 억제하는 효능이 있다.

- 재료 선별과 손질법 _ 껍질이 얇고 흠이 없으며, 전체적으로 붉은 색깔이 있는 것을 고른다. 너무 큰 것보다는 중간 크기의 단단한 것이 맛도 좋고 저장성도 좋다. 손가락으로 가볍게 튕겼을 때 맑은 소리가 나면 더욱 좋다. 녹차의 사포닌 성분은 세균 번식을 막고 오염 물질을 제거하므로 녹차를 우린 물에 씻으면 좋다. 흐르는 물에 3~4회 씻는다.
- 만들기 포인트 _ 사과를 소금에 살짝 절여 물기를 제거하고 달임장에 붓기도 한다. 간장장아찌로 먹어도 좋고, 달임장의 물기를 제거한 후 고추장에 박아 두는 방법도 있다.
- 다른 요리 _ 사과잼, 사과떡, 사과차, 사과주

만드는 법

재료 반건조사과말랭이 100g **절임장** 고추장 1컵, 고운 고춧가루 1큰술, 조청 2큰술

만드는 법

1 사과는 약 1㎝ 두께로 썰어서 꾸덕하게 말린다.
2 고추장에 고춧가루와 조청을 넣고 섞은 뒤 ①의 사과를 넣고 버무려 저장 용기에 꾹꾹 눌러 담고 실온에서 하루를 냉장 보관한다. 20일 이상 지나면 먹을 수 있다.
3 먹을 만큼만 꺼내서 고추장을 훑어 내고 기호에 따라 참기름과 통깨를 넣고 무친다.

수박피클

수박 제철은 7~8월, 피클 숙성 기간은 2~3일

Tip 피클 용액에 삶은 메추리알을 까서 넣으면 색이 연분홍으로 물들고, 자르면 분홍색 테두리를 두른 흰자와 노른자의 색깔이 만나 요리 코디에 활용하기 좋다.

수박

몸을 식혀 주는 대표적인 여름 과일

수박 과육의 90%는 수분이고, 나머지 10%에 카로틴, 비타민 C, 칼륨 등이 풍부하게 들어 있다. 붉은 부분에는 강력한 항산화제인 리코펜lycopene이 풍부하여 암세포 억제, 노화 예방 효과가 있다. 과육과 껍질 사이의 흰 속살에 풍부한 시트룰린citrulline은 혈관을 확장함으로써 혈압을 조절하는 데 도움을 주어 뇌졸중과 심장마비를 예방하며, 이뇨를 촉진하고 피로를 해소하며 피부 트러블을 개선하는 효과가 있다. 씨에는 비타민 E, 리놀산 등의 항산화 물질이 함유되어 있어 중국에서는 예로부터 차에 곁들이는 간식으로 이용되어 왔다.

- **재료 선별과 손질법** _ 껍질의 색이 선명하고 줄무늬가 뚜렷한 것, 꼭지가 움푹 들어간 것, 꼭지 반대편의 배꼽이 작은 것을 고른다. 두드렸을 때 맑은 소리가 나며 씨가 검은 것이 싱싱하고 품질이 좋은 것이다. 노지 수박보다 하우스 수박의 당도가 더 높다. 수박을 구성하고 있는 과당은 차게 할수록 단맛이 강해지므로 먹기 직전까지 냉장고에 보관한다.
- **만들기 포인트** _ 수박의 흰살 부분은 40% 정도를 차지한다. 박이나 동과冬瓜도 흰살이 많아 장아찌를 담그면 훌륭한 밑반찬이 된다. 장아찌를 만들 때는 어떻게 수분을 없앨지가 핵심이다.
- **다른 요리** _ 수박주스, 수박화채, 위염·구내염 치료제

수박피클

재료 수박 흰 속 500g, 비트 슬라이스 1장 **피클 시럽** 물 2컵, 식초·설탕 각 1컵, 소금·피클링 스파이스 각 1작은술

만드는 법
1. 수박 껍질을 벗긴 뒤 흰 부분을 먹기 좋은 크기로 썰어서 비트와 저장 용기에 담아 둔다.
2. 피클 시럽 재료를 한데 넣고 끓인 뒤 뜨거울 때 저장 용기에 붓는다.
3. 실온에 반나절 정도 놓아 두었다가 냉장 보관한다. 2~3일 숙성시켜서 먹는다.

수박고추장장아찌

재료 수박 흰 속 1kg **절임장** 고추장 1kg, 고운 고춧가루 1큰술, 소금 1작은술

만드는 법
1. 껍질을 벗겨 손질한 수박 흰 속을 먹기 좋은 크기로 토막 내어 소금에 절여 햇볕에 3~4일간 꾸덕하게 말린다.
2. 절임장 재료를 골고루 섞은 뒤 2/3의 분량으로 수박을 버무려 저장 용기에 꾹꾹 눌러 담고, 남은 1/3의 분량으로 위를 두툼하게 덮는다. 하루를 실온에 두었다가 냉장 보관한다.
3. 20일 이후 먹을 때는 수박의 고추장을 말끔히 훑어 낸 뒤에 양념해 먹는다.

포도피클

피클 숙성 기간은 3일

포도

항암 효과가 큰 레스베라트롤이 듬뿍

포도주를 즐기는 프랑스인들의 심장병 사망자수가 현저히 낮다는 '프렌치 패러독스french paradox'라는 신조어를 탄생시킨 레스베라트롤resveratrol은 포도 껍질과 씨에 있는 폴리페놀 성분으로, 항산화 작용이 강해 성인병 예방 효과가 크다. 포도 과즙의 주성분인 포도당과 과당은 몸에 빠르게 흡수되어 에너지로 대사되므로 피로 해소 효과가 좋다. 건포도에는 칼륨·칼슘·철분 등의 무기질 성분이 농축되어 있어 빈혈과 골다공증 예방 효과가 있다.

- **재료 선별과 손질법** _ 송이 전체 색이 고르고 알이 단단하게 붙어 있는 것, 표면에 하얀 당분이 묻어 있는 것이 싱싱하다. 좋은 포도는 신맛이 적고 단맛이 강하며, 가장 아래쪽에 있는 알맹이를 맛보고 고른다. 씻을 때는 작은 송이로 잘라 식초물에 5분간 담가 두었다가 흐르는 물에 헹구어 껍질째 먹는다. 냉장고에 오래 두면 단맛이 사라져 버린다.
- **만들기 포인트** _ 피클의 맛을 결정하는 중요한 요소는 아삭함이다. 피클병 속에 포도나무나 체리나무, 떡갈나무, 참나무 같은 오크잎, 서양고추냉이잎을 넣으면 아삭함을 지킬 수 있다.
- **다른 요리** _ 포도주, 포도잼, 포도주스, 포도씨기름

청포도콜리플라워피클

재료 청포도 1송이, 콜리플라워 1/2송이 **피클 시럽** 물 1.5컵, 식초·설탕 각 1/2컵, 소금 1작은술, 피클링스파이스 1큰술, 시나몬스틱 1개

만드는 법

1. 청포도는 알알이 떼어서 씻어 바구니에 건져 물기를 말리고, 콜리플라워는 한입 크기로 잘라 끓는 물에 소금을 넣고 살짝 데쳐 채반에 건져 그대로 식힌다.
2. 피클 시럽 재료를 한데 넣고 끓인 뒤 건더기를 체에 밭쳐 걸러 내고 식혀서 붓는다.
3. 저장 용기에 ①의 청포도와 콜리플라워를 담고 피클 시럽을 부어 반나절 실온에 두었다가 냉장 보관한다. 3일 후 먹을 수 있다.

포도피클

재료 거봉 1송이 **피클 시럽** 물 2컵, 식초·설탕 각 1컵, 소금 1작은술, 통후추 약간, 월계수잎 2장, 시나몬스틱 1개

만드는 법

1. 깨끗이 씻은 포도에서 물기를 제거한 뒤 가로로 2등분하여 씨를 빼고 저장 용기에 담는다.
2. 피클 시럽 재료를 끓여서 건더기를 걸러 내고 식혀서 포도에 붓는다.
3. 실온에 반나절 정도 두었다가 냉장 보관한다. 3일 후 먹을 수 있다.

멜론피클 | 참외피클

피클 숙성 기간은 2~3일

Tip 참외 껍질째 담그면 식감이 아삭아삭하고, 고추장이나 간장으로 장아찌를 담그면 오래 두고 먹을 수 있다.

멜론 | 참외

맛과 향이 닮은 사촌지간 여름 과일

멜론은 그물무늬 간격이 선명하고 꼭지 부분까지 고르게 퍼져 있는 것이 좋다. 꼭지가 움푹 들어간 것, 꼭지 부분의 잎이 바싹 마른 것을 고른다. 줄기가 두껍고 싱싱한 것은 미숙한 것이고, 노랗게 변한 것은 과숙한 것이며, 꼭지 아래를 눌렀을 때 말랑말랑한 것이 맛있다. 참외는 노란색이 선명하고 광택이 나며 골이 적당히 들어가고 은색이 선명하며 향기가 강하고 꼭지가 시들지 않은 것이 좋다. 크기는 어른 주먹 정도 되는 것이 좋다. 두드렸을 때 탁한 소리가 나거나 지나치게 무거우면 물이 차 있는 경우가 많다.

- **재료 선별과 손질법 _** 세로로 반 자르고 다시 4등분해서 조각배 모양을 만든다. 과육과 껍질 사이에 칼을 넣어 분리하고 과육을 한입 크기로 자른다.
- **만들기 포인트 _** 멜론은 과육은 먹고, 껍질 아래 부위를 쓴다. 참외 씨를 빼면 쉽게 무르지 않아 피클 재료로 좋다. 피클용은 약간 덜 익은 작은 것을 고른다.
- **다른 요리 _** 멜론주스, 멜론잼, 멜론장아찌, 건멜론(후레이크 대용), 후식용 / 참외피클, 참외장아찌, 샐러드

멜론피클

재료 멜론 1/2개, 체리 5개 **피클 시럽** 물 1컵, 식초 1/2컵, 화이트와인 3큰술, 설탕 3큰술, 소금 1/2작은술, 통후추 5알, 월계수잎 1장, 시나몬스틱 1개

만드는 법
1. 멜론 껍질을 벗기고 세로로 4등분하여 씨를 뺀 뒤 2cm 두께로 썰어 한입 크기로 만든다.
2. 피클 시럽 재료를 한데 넣고 끓여서 체에 걸러 식힌다.
3. 소독한 유리병에 멜론과 체리를 담고 ②를 부어 실온에 반나절 두었다가 냉장 보관한다. 2~3일 후면 먹을 수 있다.

참외피클

재료 참외·오이 각 1개, 천일염 **피클 시럽** 물 1컵, 식초·설탕 각 1/2컵, 소금 1작은술, 피클링 스파이스 1/2큰술

만드는 법
1. 참외와 오이를 껍질째 굵은 소금으로 문질러 씻는다.
2. 참외는 씨를 뺀 뒤 0.5cm 두께로 자르고, 오이도 같은 크기로 잘라 소독한 유리병에 참외와 오이를 규칙적으로 담는다. 2~3일 후면 먹을 수 있다.
3. 피클 시럽을 끓여서 부은 뒤 뚜껑을 닫아 실온에 하루 두었다가 냉장 보관한다.

토마토치즈오일피클 | 방울토마토피클

피클 숙성 기간은 2~3일

토마토

리코펜의 강력한 항산화력이 항암 효과를 극대화

서양에서는 '토마토가 빨개지면 의사의 얼굴이 파래진다'는 말이 전해질 만큼 건강 효과가 다양한 과채류이다. 붉은색 색소인 리코펜은 베타카로틴이나 비타민 E보다 강하여 암이나 동맥경화 등을 예방하는 효과가 크다.

- 재료 선별과 손질법 _ 토마토는 색깔이 선명하고 단단하며 꼭지가 신선한 것으로 구입해야 한다. 물에 담갔을 때 가라앉는 것이 당도가 높은 것이다. 빨갛게 익은 토마토는 구멍이 뚫린 비닐백에 넣어 냉장고에서 보관하고, 덜 익은 것은 상온에서 보관한다.
- 만들기 포인트 _ 피클은 소금물의 농도와 온도, 재료의 크기에 따라 달라진다. 토마토처럼 무르고 수분이 많은 재료는 피클 시럽을 붓고 3일만 지나면 먹을 수 있다. 방울토마토를 데칠 때는 살짝만 데쳐야 피클이 쉽게 무르지 않는다.
- 다른 요리 _ 피자, 파스타, 토마토주스, 토마토수프, 토마토잼, 토마토샐러드, 후식용

토마토치즈오일피클(토마토카프리제오일피클)

재료 토마토 2개, 모차렐라 치즈 100g, 올리브유 100g, 발사믹 식초 50g, 레몬즙 2큰술, 소금 1/2작은술, 후추·바질잎 조금

만드는 법
1. 토마토는 모양을 살려 1㎝ 두께로 자르고 모차렐라 치즈도 같은 두께로 자른다.
2. 토마토와 모차렐라 치즈에 소금과 후추를 살짝 뿌려 간이 배도록 한다.
3. 소독한 유리병에 올리브유, 발사믹 식초, 레몬즙을 넣고 토마토와 모차렐라 치즈를 넣고 바질잎을 뿌려 냉장 보관한다. 2~3일 후부터 먹을 수 있다.

방울토마토피클

재료 방울토마토 1㎏, 레몬 슬라이스 2장 **피클 시럽** 물 1.5컵, 화이트와인·식초 각 1/2컵, 설탕 3큰술, 소금·피클링스파이스 각 1작은술, 시나몬스틱 1개

만드는 법
1. 방울토마토를 끓는 물에 넣고 30초간 데친 뒤 찬물에 담가서 껍질을 벗긴다.
2. 소독한 유리병에 방울토마토와 레몬을 담는다.
3. 냄비에 피클 시럽 재료를 넣고 끓여서 식혀 체에 걸러 유리병에 붓는다.
4. 반나절 실온에 둔 후 거꾸로 뒤집어서 냉장 보관한다. 다음 날부터 먹을 수 있다.

병아리콩피클 | 땅콩피클

피클 숙성 기간은 10일

땅콩피클

병아리콩피클

병아리콩 | 땅콩

땅콩처럼 고소하고 포만감이 높은 병아리콩

병아리콩은 콩 특유의 비린 맛이 적고 달고 고소한 견과류 맛이 난다. 요리할 때는 충분히 불린 후 삶아서 조리하는데 고기와 식감이 비슷하여 채식주의자들이 좋아한다. 인도에서는 우리가 메주콩(대두)을 활용하듯 다양하게 이용한다.

땅콩은 항산화 물질인 폴리페놀이 풍부한데, 얇은 갈색 색소와 껍질의 떫은맛에 효능이 집중되어 있다. 습한 데 두면 아플라톡신aflatoxin이라는 독성 강한 발암 물질이 생긴다.

- **재료 선별과 손질법** _ 병아리콩(이집트콩)은 크기와 색이 일정한 것을 고른다. 땅콩은 껍질을 벗기면 공기에 노출되어 쉽게 산화되므로 껍질 있는 것을 산다.
- **만들기 포인트** _ 오일에 절인 피클을 준비해 두면 부드럽고 고소해서 샐러드나 요리에 언제라도 사용할 수 있어 요리 시간을 단축하고 다양한 요리를 가능하게 한다.
- **다른 요리** _ 병아리콩수프, 병아리콩샐러드, 병아리콩스튜 / 땅콩조림, 땅콩무침, 땅콩죽

병아리콩피클

재료 병아리콩(이집트콩) 1컵, 피클링스파이스 1/2큰술, 딜 약간 **피클 시럽** 엑스트라버진 올리브유 1컵, 설탕·식초 각 3큰술, 소금 1큰술

만드는 법
1. 병아리콩은 물에 6시간 이상 불려서 부드럽게 삶아 채반에 건져서 물기를 말린다.
2. 저장 용기에 병아리콩, 피클링스파이스, 딜을 모두 담고 피클 시럽 재료를 섞어서 붓는다.
3. 냉장 보관한다. 10일 정도 지나면 먹을 수 있다.

초땅콩

재료 생땅콩 200g, 식초 1컵, 설탕 2큰술, 소금 1작은술

만드는 법
1. 끓는 물에 식초 한 방울을 넣고 생땅콩을 살짝 데쳐서 씻은 뒤 찬물에 넣고 삶아 속까지 익힌 뒤 채반에 펼쳐서 물기를 말린다.
2. ①의 땅콩을 저장 용기에 담은 뒤 식초에 설탕과 소금을 넣고 저어 녹인 후 부어 준다.
3. 반나절 정도 실온에 두었다가 냉장 보관한다. 일주일 뒤에는 먹을 수 있다.

Tip 소변이나 대변 등 배뇨 장애에는 검은콩식초가 좋다. 검은콩을 식초에 절일 때는 씻어 말려서 검은콩을 병에 담고 콩이 잠길 정도로 식초를 부어 7~10일이 지난 후 콩만 건져서 복용한다. 식초는 생수에 타서 음료로 마셔도 좋다. 1회에 10알 정도, 1일 2~3회 먹는다. 한 번에 많이 먹으면 설사할 수 있으므로 주의한다.

산야초는 현대 질병의 가장 큰 원인으로 꼽는 잘못된 식생활의 대안이 될 수 있는 식품이다. 특히 청정 지역에서 땅과 하늘의 기운을 듬뿍 받고 자란 산야초는 영양학적으로 상당히 우수하고, 발암물질을 억제하는 힘이 뛰어나다. 제철에 나는 흔한 산야초로 장아찌를 만들어 영양과 맛, 알뜰함으로 식탁에 건강한 변화를 줄 수 있다.

약초, 산나물로 만드는
장아찌 & 피클

고사리된장장아찌

햇고사리는 4~5월이 제철, 장아찌 숙성 기간은 2주일

고사리

피를 깨끗하게 하고 머리를 맑게 하는 전통 산나물

제사상에 빠지지 않고 오를 정도로 친근한 산나물이다. 4~5월에 어린순을 꺾어서 데쳐 말려 묵나물로 이용하며, 봄 한 철 잠깐 햇고사리를 별미로 먹는다.

고사리에는 단백질, 당질과 칼슘, 철분 등의 무기질이 많으며, 항산화 작용을 하는 베타카로틴, 에너지 대사에 관여하고 피부와 점막을 보호하는 데 도움을 주는 비타민 B_2가 들어 있어 성인병을 예방하고 혈중 콜레스테롤을 낮추는 효과도 기대할 수 있다. 그 밖에 엽산과 비타민 K도 많이 들어 있다. 말린 고사리에는 칼륨·마그네슘·철 등의 무기질이 더욱 풍부하다. 한방에서는 고사리 뿌리를 해열, 이뇨, 설사, 황달, 대하증 치료에 쓴다. 고사리는 피를 깨끗하게 하고 머리를 맑게 하는 특성이 있으나 성질이 차므로 주의한다.

- 재료 선별과 손질 _ 끝부분이 주먹처럼 감겨 있는 어린순을 고른다. 국산 고사리는 줄기가 길고 매끈하며 연한 갈색을 띠면서 줄기의 골이 깊다. 수입산은 길이가 짧고 줄기의 골이 얕으면서 색이 고르지 않은 암갈색을 띤다. 말린 고사리는 따뜻한 물에 하룻밤 담갔다 삶은 뒤 찬물에 담가 쓴 맛을 우려낸 후 조리한다.
- 만들기 포인트 _ 햇고사리로 만들어도 좋지만 말린 고사리를 이용하면 연중 필요한 때 담가 먹을 수 있다. 만져 보아 줄기의 단단한 부분은 잘라내고 간장으로 담아도 부드럽고 개운한 맛이 난다.
- 다른 요리 _ 고사리전, 고사리무침, 고사리국, 고사리전골

만드는 법

재료 고사리(삶은 것) 500g
달임장 맛국물 3컵, 된장·액젓·소주·물엿 각 1/2컵, 소금 1작은술

만드는 법
1. 삶은 고사리를 채반에 펼쳐 꾸덕꾸덕하게 말린다.
2. 달임장 재료를 한데 넣고 저어 가며 끓여서 식힌다.
3. ①의 고사리를 저장 용기에 담고 달임장을 부은 뒤 누름돌로 눌러 냉장 보관한다.
4. 다음 날 장물을 따라 내어 끓여서 식혀 다시 붓고 냉장 보관해 두고 먹는다. 2주일 후면 숙성된다.
5. 먹을 만큼만 덜어 그냥 먹거나 기호에 맞게 양념하여 먹는다.

곰보배추장아찌

장아찌 숙성 기간은 20일

곰보배추

들판에서 자라는 약(藥)배추

'배암차즈기'가 정식 이름인 곰보배추는 겨울철 바닥에 퍼진 로제트 잎이 배추를 닮았고 울퉁불퉁한 잎 모양이 곰보 자국을 연상시켜 곰보배추라 한다. 가을에서 봄 사이에 채취하는데, 겨우내 살아 있으므로 '동생초(冬生草)' 또는 '설견초(雪見草)'라고도 한다. 기침·가래·비염과 오래된 천식에 효과적이고, 냉증·생리통·자궁 질환 등 부인병에도 효능이 있다고 알려져 있다. 또한 혈액을 맑게 하고 몸 안 노폐물을 제거하는 데 좋으며, 지혈 효능과 함께 진통제와 같은 효과가 있어서 치통을 다스린다고 알려졌다.

- 재료 선별과 손질법 _ 싱싱한 것으로 골라 뿌리 부분까지 버리지 말고 다듬어 장아찌로 이용한다.
- 만들기 포인트 _ 쓴맛이 나는 채소는 끓는 물에 데쳐 찬물에 담가 두는 시간을 길게 해서 쓴맛을 조절한다. 산야초는 특성상 쓴맛이나 떫은맛이 나는데 종류에 따라 함유량이 다르다. 쓴맛이 강한 것은 물을 몇 번 갈아 준다. 쓴맛이나 떫은맛을 제거해 버리면 오히려 산야초의 장점이 줄어들기 때문에 적당한 풍미를 남기는 것이 좋다.
- 다른 요리 _ 곰보배추효소, 곰보배추튀김, 곰보배추뿌리차

만드는 법

재료 곰보배추 500g **절임물** 물 1.5 l, 소금 4큰술
달임장 맛국물 3컵, 국간장 1컵, 설탕 1컵, 물엿 1/2컵

만드는 법

1 곰보배추는 깨끗이 씻어 소금물에 2시간 정도 담가 쓴맛을 줄이고 헹구어 물기를 없앤다.
2 달임장 재료를 한데 넣고 끓여서 식힌다.
3 ①의 곰보배추를 저장 용기에 담고 달임장을 부은 뒤 누름돌로 눌러놓는다.
4 ③을 실온에 3일간 두었다가, 장물만 따라 내어 끓여서 식혀 붓고 냉장 보관한다. 뒷맛으로 기분 좋은 연한 쓴맛이 난다. 20일 정도 지나면 맛이 든다.

냉이장아찌

냉이 제철은 1~3월과 늦가을, 장아찌 숙성 기간은 20일

냉이

향기로 춘곤증을 이기게 하는 국민 봄나물

냉이는 가을에 씨가 떨어져 겨울에도 죽지 않으므로 언 땅이 녹을 무렵부터 바로 캐어 나물 무침을 하거나 국을 끓여 먹을 수 있다. 담백하고 향기로운 맛을 가진 식재료뿐만 아니라, 위 점막과 간장의 기능을 개선하는 민간약으로도 쓰여 왔다. 그 밖에도 눈의 충혈과 통증 완화, 설사, 복통, 고열, 생리불순, 변비의 증상을 억제하는 만병통치약으로 쓰기도 했다. 《동의보감》에서는 '냉이는 몸을 따뜻하게 하고, 달고 독이 없으며 간 기능을 도와서 간의 해독 작용을 한다. 냉이로 국을 끓여 먹으면 피를 끌어다 간에 들어가게 하고 눈을 맑게 한다'고 했다. 실제로 냉이에는 눈과 위 점막에 도움이 되는 비타민 A로 작용하는 베타카로틴이 풍부하다. 또한 '미용 비타민'이라고도 불리는 비타민 B_2가 풍부하여 피부 거칠어짐, 여드름, 구각염 등과 같은 미용상의 이상 증상을 효과적으로 방지하는 데도 도움이 된다.

- **재료 선별과 손질법** _ 잎의 녹색이 선명하고 진하며, 뿌리가 굵되 꽃대가 올라오지 않은 것이 맛이 좋으며 영양분을 많이 함유하고 있다. 흐르는 물에 조금씩 나누어 씻어서 흙과 잡티를 꼼꼼하게 떨어내야 한다. 누렇게 뜬 떡잎은 떼어 내고 칼로 잎과 줄기 사이를 긁어서 검은 부분을 제거하여 사용한다.
- **만들기 포인트** _ 냉이간장장아찌, 냉이된장장아찌, 냉이김치
- **다른 요리** _ 냉이생채, 냉잇국, 냉이무침, 냉이튀김

만드는 법

재료 냉이 300g **양념장** 고추장 3큰술, 고운 고춧가루 · 조청 · 소금 각 1큰술

만드는 법

1. 냉이는 크기가 작고 연한 것을 골라 깨끗이 손질하여 씻어 채반에 펼쳐 꾸덕꾸덕하게 말린다.
2. ①의 냉이에 양념장을 넣어 골고루 무친다.
3. ②를 저장 용기에 담고 꾹꾹 누른 다음 누름돌로 눌러 냉장 보관한다. 약 20일 정도 지나면 먹을 수 있다.

달래고추장장아찌

이른 봄과 가을이 제철, 장아찌 숙성 기간은 1개월

달래

겨울에 잃어버린 입맛을 살려 주는 봄의 미각

'야생의 마늘'이라고 불리는 달래는 냉이와 더불어 봄나물에서 빼놓을 수 없는 맛과 영양을 지니고 있다. 비닐하우스 재배로 거의 1년 내내 볼 수 있지만 원래는 이른 봄이 제철이다. 작고 둥근 흰 뿌리에는 마늘이나 양파 같은 유화알릴 성분이 들어 있어 살균·항산화 작용을 하여 암 예방과 면역력 향상 효과가 있다. 달래에 풍부한 칼슘은 스트레스를 완화시키는 작용이 뛰어나 날카로운 신경을 안정시키고, 철분이 풍부하여 여성의 자궁 출혈이나 월경 불순에도 효과가 있다. 비타민 A의 재료가 되는 베타카로틴은 주로 잎 부분에 함유되어 있다. 비타민 A의 효력을 높이는 비타민 C, 조혈에 필수적이며 치매 예방에도 효과적인 엽산 등의 비타민군과 함께 식이섬유도 수용성과 불용성이 균형 있게 많이 들어 있다. 된장과 잘 어울리므로 된장찌개에 넣어 먹는다.

- **재료 선별과 손질법 _** 둥근 뿌리가 굵고 줄기가 진한 녹색인 것이 싱싱한 것으로 향기도 좋고 맛도 더하다. 알뿌리 겉쪽의 얇은 껍질을 벗기고 수염뿌리는 잘라 낸다. 조직이 약하기 때문에 한 뿌리씩 조심스럽게 흐르는 물에 여러 번 씻는다. 달래는 시간이 지날수록 매운맛이 약해지므로 될수록 빨리 먹는다.
- **만들기 포인트 _** 고추장장아찌에는 고운 고춧가루를 넣어야 색이 곱고 물이 나오는 것을 막아 변질을 예방할 수 있다. 날것인 채로 양념장에 넣거나, 새콤달콤하게 무쳐 먹기도 하지만 된장찌개에 넣어도 구수하고 향기롭다.
- **다른 요리 _** 달래생채, 달래무침, 달래찌개

만드는 법

재료 달래 400g

양념장 고추장 1컵, 설탕 3큰술, 고운 고춧가루 1큰술, 조청 1큰술, 소금 1작은술

만드는 법

1. 달래를 깨끗하게 손질하여 씻어서 물기를 충분히 턴 뒤 다시 면포에 싸서 물기를 없앤다.
2. 양념장 재료를 골고루 섞어 놓는다.
3. ①의 달래에 고추장 양념을 골고루 발라 저장 용기에 눌러 담고 실온에 하루 정도 두었다가 냉장 보관한다. 1개월 정도 지나면 맛이 든다.

   Tip 달래장아찌를 담글 때 고추장을 많이 쓰면 텁텁하게 된다. 고춧가루를 적당량 섞어 깔끔한 맛을 낸다.

당귀장아찌

참당귀 제철은 5월, 장아찌 숙성 기간은 20일

당귀

기혈을 바로잡고 뇌건강을 지켜 주는 약초

당귀는 미나리과의 여러해살이풀로 향기가 매우 강한 대표적인 약용 식물이다. 어린순을 나물로 먹고 뿌리를 말려 한약재로 쓴다. 예전에는 산에서 채취하여 이용했지만 지금은 재배하는 곳이 많고, 일당귀도 함께 당귀로 통용된다. '당귀[當歸]'라는 이름은 '당연히[當] 제 자리로 돌아간다[歸]'는 의미로, 그만큼 모의 기혈을 바로잡는 데 좋은 효과가 있는 약초이다. 혈액순환을 도와 빈혈과 두통, 어지럼증, 수족냉증 등에 쓰이며, 부인병과 산후병, 여성의 갱년기 장애에 강한 효능을 보인다. 당귀의 강한 향은 '데커시놀decursinol'이라는 생리활성 성분으로, 치매를 유발하는 베타-아밀로이드beta amyloid의 독성을 막아 뇌 건강을 지킨다는 연구 결과가 있다. 우리나라에서는 참당귀angelica gigas 뿌리를 한약재로 쓰고 일본에서는 일당귀angelica acutiloba 뿌리를 한약재로 쓴다.

- **재료 선별과 손질법** _ 당귀는 암녹색이나 자줏빛을 띠며 '승검초'라고도 부르는데 한약재로 많이 사용된다. 약간의 매운 향과 씹히는 맛이 좋아 생으로 먹거나 나물로 무쳐 먹으면 좋다.
- **만들기 포인트** _ 당귀 잎은 데쳐서 말릴 때 너무 말려 버석거리지 않아야 한다.
- **다른 요리** _ 당귀쌈, 당귀겉절이, 당귀생채, 당귀무침, 당귀밥, 당귀죽, 당귀볶음, 당귀국

만드는 법

재료 당귀(참당귀 또는 왜당귀) 400g 데침물 물, 소금

달임장 맛국물 1.5컵, 조선간장 1/2컵, 조청 2/3컵, 청주 1/2컵

만드는 법

1. 당귀 어린순을 깨끗하게 씻어 끓는 물에 소금을 넣고 살짝 데쳐서 그대로 채반에 건져 꾸덕꾸덕하게 말린다.
2. 청주를 제외한 달임장 재료를 한데 넣고 한소끔 끓어 오르면 청주를 넣고 다시 한 번 가볍게 끓여서 식힌다.
3. ①의 당귀를 저장 용기에 담고 달임장을 부은 뒤 누름돌로 눌러둔다.
4. 2일 후에 장물만 따라 끓여서 식혀 붓기를 반복하여 냉장 보관한다. 20일 후 간이 배면 그대로 먹거나 기호에 맞게 양념하여 먹는다.

더덕장아찌

더덕 제철은 늦가을~이른 봄, 장아찌 숙성 기간은 1개월

더덕

한방 약재명은 사삼, 주목할 성분은 사포닌

더덕은 오랫동안 음식과 약으로 이용되어 온 중요한 산나물이자 약초이다. 더덕에 많이 함유된 사포닌은 항암 효과가 있어서 암 예방과 치료에 효과적이다.

- 재료 선별과 손질법 _ 더덕은 골이 깊고 뿌리가 굵으며 몸통이 쭉 뻗은 것, 껍질을 벗겼을 때 속살이 희고 섬유결이 보풀보풀한 것이 좋다. 더덕은 알이 작은 것은 통으로 쓰고 굵은 것은 반으로 갈라 쓴다. 더덕을 깨끗이 씻고 윗부분부터 뿌리 방향으로 껍질을 벗겨 준비한다. 면포나 랩으로 싸서 자근자근 두드려야 살이 부서지지 않는다.
- 만들기 포인트 _ 껍질을 벗긴 뒤에 찬물에 담가 쓴맛을 없앤다. 담근 장아찌를 실온에 둘 때는 용기에 담은 더덕 위에 고추장을 덮고 그 위에 소금을 조금 뿌려 우거지가 생기는 것을 막는다.
- 다른 요리 _ 더덕생채, 더덕물김치, 더덕냉국, 더덕적, 더덕정과, 더덕한과

만드는 법

재료 더덕 400g **절임** 소금 2큰술 **양념장** 고추장 1/2컵, 고운 고춧가루 · 조선간장 · 조청 각 2큰술 **덮개용** 고추장 1/2컵

만드는 법

1 더덕을 껍질째 깨끗이 씻어서 껍질을 벗기고 방망이로 자근자근 두들겨 납작하게 한다.
2 ①의 더덕에 소금을 살짝 뿌려서 2~3시간 절였다가 물기를 뺀 뒤 햇볕에 하루 정도 꾸덕꾸덕하게 말린다.
3 양념장 재료를 한데 넣고 잘 섞는다.
4 ②의 더덕에 양념장을 넣고 골고루 버무려 저장 용기에 꾹꾹 눌러 담고 덮개용 고추장으로 위를 덮는다. 2~3일 정도 실온에 두었다가 냉장 보관한다.
5 한 달 정도 숙성시킨 뒤 먹을 양만큼만 덜어서 결대로 찢어 그릇에 담고 입맛에 따라 실파나 통깨를 뿌린다.

돌미나리장아찌

돌미나리는 4월이 제철, 장아찌 숙성 기간은 10일

돌미나리

봄의 향긋한 비타민 나물

독특한 향기와 아삭아삭한 식감이 식욕을 자극하는 대표적인 봄나물로, 골짜기나 물가, 습한 땅에서 절로 자란다. 습지에서 잘 자란다. 식이섬유가 풍부하고 칼로리가 낮으며, 풍부한 베타카로틴은 뛰어난 항산화 작용으로 항암·노화 억제 효과가 있다. 무기질 성분으로는 칼륨과 인이 많고 치매 예방에 효과적인 엽산이 풍부하게 들어 있다. 칼슘의 흡수율을 높이고 뼈의 건강을 유지하는 데 효과적으로 작용하는 비타민 K가 많이 들어 있으므로 적극적으로 섭취하면 골다공증을 예방할 수 있다. 잎에 함유되어 있는 정유 성분인 테르펜류(類)가 류머티즘의 증상을 완화시킨다.

- **재료 선별과 손질법** _ 줄기는 두꺼운 것보다 얇은 쪽이 식감이 더 좋다. 약한 식초물에 30분 정도 담가 두거나 놋수저를 넣은 물에 담가 두면 줄기에서 거머리가 빠져 나온다. 뿌리 쪽은 잘라 내고 잎을 떼어 낸 다음 깨끗이 씻어 끓는 물에 데쳐 사용한다.
- **만들기 포인트** _ 돌미나리의 잎을 떼어 내고 줄기만 장아찌를 담그면 향기나 씹히는 조직감이 더 좋다. 간장장아찌를 건져 간장물을 닦아 내고 고추장양념에 버무려 저장하면 또 다른 맛을 즐길 수 있다.
- **다른 요리** _ 미나리김치, 미나리나물, 미나리찌개, 미나리전

만드는 법

재료 돌미나리 500g, 천일염 1/2큰술
달임장 맛국물 2컵, 조선간장 1컵, 설탕·매실액·물엿 각 1/2컵, 소주 1/3컵

만드는 법
1. 돌미나리를 다듬어 씻은 뒤 소금을 뿌려 30분가량 절인다.
2. ①의 돌미나리를 한 번만 가볍게 물로 헹구어 채반에 펼쳐 물기를 없앤 뒤 저장 용기에 차곡차곡 담는다.
3. 달임장 재료를 한데 넣고 끓여서 식힌다.
4. 달임장을 ②에 붓고 누름돌로 눌러놓는다.
5. 실온에 2일 동안 두었다가 장물만 따라 내어 끓여서 식혀 붓고 냉장 보관한다.
6. 돌미나리는 연하므로 10일이 지나면 맛이 든다.

두릅장아찌

두릅이 맛있는 때는 4~5월, 장아찌 숙성 기간은 20일

두릅

모양도 맛도 향기도 고급스러운 품격 있는 산나물

일본에서는 '산나물의 왕'이라고 불릴 정도로 독특한 풍미가 뛰어난 나물이다.
비타민 B군 중에서 엽산이 풍부한데, 엽산은 비타민 B_{12}와 협력하여 적혈구의 조혈을 돕는 한편 혈액순환을 개선하고, 동맥경화와 치매 등을 예방하는 데 도움이 된다. 사포닌도 들어 있어서 혈액순환을 도와주므로 피로 해소 효과가 있고, 칼륨이 많아 나트륨과 균형을 이루면서 세포 중의 수분과 삼투압을 조절함으로써 생리 기능을 지원한다. 또한 '노화 억제 비타민'이라 불리는 비타민 E가 풍부하여 피부에 좋다.

- **재료 선별과 손질법** _ 두릅은 목질부와 함께 자른 끝부분이 선명한 녹색이고 줄기에 붙은 가시가 아플 정도로 만져지면 싱싱한 것이다. 작고 굵은 것, 향기가 강하고 흰색이 돌며 가지가 적은 것, 통통한 것일수록 부드럽고 맛있다.
  두꺼운 줄기 부분을 잘라 내고 줄기에 남아 있는 가시를 칼등으로 긁어낸다. 밑동에 반으로 칼집을 넣고 끓는 소금물에 밑동부터 넣어 데친다. 데친 뒤에는 찬물에 담가 아린 맛을 없앤다.
- **만들기 포인트** _ 소금에 절인 재료가 짠맛이 강하다면 물엿으로 버무려 놓아 짠맛을 없앨 수 있다. 연한 두릅은 절이지 않고 바로 달임장을 붓기도 한다. 절이지 않은 것은 수분이 많이 나온다. 간장물을 끓여서 식혀 붓기를 소홀히 하면 맛이 변할 수 있다.

- **다른 요리** _ 두릅무침, 두릅구이, 두릅튀김, 두릅부침, 두릅산적, 두릅김치

만드는 법

재료 두릅 300g **데침물** 물 적당량, 소금 3큰술
달임장 맛국물 1/4컵, 소금 1.5큰술, 매실청 1컵, 소주 3큰술

만드는 법

1 두릅 밑동의 억센 부분은 잘라 내고 남은 밑동 부분에 칼집을 넣는다.
2 끓는 물에 소금을 넣고 ①의 두릅을 밑동부터 넣어 살짝 데쳐서 찬물에 바로 헹군다.
3 ②의 두릅을 채반에 넣어 꾸덕꾸덕하게 말린 뒤 저장 용기에 담는다.
4 달임장 재료를 한데 넣어 끓여서 완전히 식힌다.
5 ③의 두릅에 달임장을 붓고 누름돌로 눌러 실온에서 하루 정도 두었다가 냉장 보관한다. 2~3일 후에 장물만 끓여서 식혀 붓는다. 20일 정도 지나면 먹을 수 있다.

머윗잎장아찌

연한 잎줄기는 4월, 줄기는 여름~가을이 제철, 장아찌 숙성 기간은 20일

머위

이른 봄부터 가을까지 먹을 수 있는 건강 나물

머위는 봄에 가장 먼저 만나는 식물 중 하나다. 봄에는 어린 잎줄기를, 여름~가을 사이에는 성숙한 줄기의 껍질 벗긴 속살을 나물로 먹는다. 독특한 향미와 씹는 질감이 좋으며, 비타민과 무기질, 단백질·탄수화물·식이섬유 등 영양 성분이 골고루 들어 있어 인기가 많은 나물이다. 특히 비타민 A와 베타카로틴이 많아 항산화 작용을 하며, 칼륨이 풍부하여 나트륨 배출 효과가 크므로 고혈압 예방에 좋다. 당뇨병 개선 효과도 큰 것으로 알려져 있다.

민간에서는 건위·진해·해독·해열 효과가 있는 약으로 이용해 왔다. 스트레스를 받아 속이 쓰리거나 자주 체할 때 약으로 이용하며, 편도선이 부었을 때 머위 말린 것을 갈아 양치하면 효과가 있다. 꽃봉오리 달인 물을 마시면 기침이 멈춘다고 한다.

- **재료 선별과 손질법** _ 잎은 진한 녹색이고 싱싱한 것이 좋다. 줄기는 뿌리를 잡았을 때 팽팽한 느낌이 드는 것이 신선하다. 줄기는 너무 두꺼우면 질기므로 적당한 굵기에 붉은 빛이 도는 것을 선택한다. 빨리 변색되므로 바로 조리하지 않을 때는 데친 후 용기에 넣어 냉장고에 보관한다. 풍미는 떨어지지만 냉동 보관도 가능하다.
- **만들기 포인트** _ 잎이 많이 자란 것은 쓴맛이 나므로 짠 소금물에 5일 정도 절여서 한 번 씻어 꾸덕꾸덕 말린다. 머윗대나 껍질 벗길 때 벗긴 '실' 같은 것도 버리지 말고 이용한다. 고추장이나 된장에 박아 두면 색다른 장아찌가 된다.
- **다른 요리** _ 머윗잎겉절이, 머위나물, 머윗대볶음, 머윗대들깨나물, 머위녹즙, 쌈채

만드는 법

재료 머윗잎 300g

달임장 맛국물 1컵, 간장·설탕·식초 각 1/2컵, 마른 고추 2개, 청주 3큰술

만드는 법

1. 머위 연한 잎을 씻어서 한 장씩 물기를 닦아 내고 저장 용기에 차곡차곡 담는다.
2. 달임장 재료를 한데 넣고 끓여서 식힌 뒤 머윗잎에 달임장을 붓는다.
3. 다음 날 장물을 따라 내어 끓여서 식혀 붓고 냉장 보관한다. 20일 정도 지나면 맛이 든다.
4. 이것을 물엿에 버무려 12시간 정도 두고 나오는 물기를 꼭 짜면 짠맛과 쓴맛이 없어진다. 여기에 고추장양념으로 버무리면 맛있는 머윗잎고추장장아찌가 된다.

민들레장아찌

장아찌 숙성 기간은 20일

민들레

잎은 나물로, 뿌리는 약차나 커피 대용으로

민들레는 전세계에서 식용하거나 약으로 이용했다. 이른 봄에 어린 것을 뿌리째 캐어서 생으로 겉절이를 해 먹거나 데쳐서 물에 담가서 나물 요리나 국거리로 쓴다. 생으로는 꽃과 함께 튀김을 해 먹으며, 뿌리는 말려서 볶아 차로 이용한다. 잎에는 단백질과 탄수화물·식이섬유가 풍부하고 비타민과 무기질이 풍부하다. 꽃·잎·줄기·뿌리 등 전초에 각종 아미노산·지방산·비타민·무기질이 들어 있으며, 시스테롤·루테인 등의 특수 성분이 들어 있다. 한방에서는 민들레 전초를 말린 것을 몸의 열을 식히고 독을 풀어 주는 '포공영(蒲公英)'이라는 약재로 쓴다. 최근의 한 연구에서 민들레 생즙의 항암 효과가 입증되었다.

- **재료 선별과 손질법** _ 이른 봄 갓 돋아난 민들레는 쌉싸름한 맛이 일품인 나물이다. 봄·가을에 채취하거나 바람이 잘 통하고 볕이 잘 드는 곳에서 자란 것은 달고, 여름철이나 황폐한 땅에서 자란 것은 쓰다.
- **만들기 포인트** _ 민들레 잎이 쇠어진 것은 쓴맛이 나므로 소금물에 절였다가 쓰거나 끓는 물에 살짝 데쳤다가 찬물에 담가 쓴맛을 우려내고 담가야 한다.
- **다른 요리** _ 민들레나물, 민들레잎국, 민들레튀김, 민들레샐러드, 민들레볶음, 민들레생채, 민들레쌈채

만드는 법

재료 민들레 400g, 소금물(물 1 l , 소금 3큰술)
달임장 맛국물 3컵, 간장 1.5컵, 설탕 2큰술, 조청 2큰술, 청주 1/2컵

만드는 법
1 민들레는 깨끗이 씻어 소금물에 담가 누름돌로 눌러놓는다.
2 3일 뒤에 소금물을 갈아 주고 일주일 정도 두어 쓴맛을 제거한다.
3 ②의 민들레를 채반에 널어 물기를 없애고 저장 용기에 담아 둔다.
4 달임장 재료를 한데 넣고 끓여서 완전히 식힌다.
5 ③의 민들레에 달임장을 붓고 누름돌로 눌러놓는다.
6 ⑤를 하룻밤 두었다가 장물만 따라 내어 끓여서 식혀 붓고 냉장 보관한다. 20일 정도 지나면 먹을 수 있다.

방풍장아찌

장아찌 숙성 기간은 20일

방풍

풍을 예방하는 바닷가 나물

방풍은 바닷가 특산 나물로, '풍(風)'을 '막아 준다[防]'는 의미에서 '방풍'이라고 한다. 예부터 풍증을 제거하는 데 효험이 있는 것으로 알려진 약용 채소로, 최근에는 해안 지방에서 특용작물로 재배하고 있다. 갯기름나물이라고도 부른다. 어린잎을 살짝 데쳐 나물로 먹거나 떡을 만들기도 하고 녹즙을 내어 마시기도 하며 뿌리는 한약재로도 쓰인다. 열매로 술을 담가 마시면 피로 해소에 도움이 되고 빈혈과 두통을 개선하는 효과가 있다.

연구 논문에 따르면, 갯기름나물 추출물은 혈당 강하 작용이 우수하여 당뇨병 및 이로 인한 각종 합병증의 예방 및 치료에 유용한 약제 및 건강 기능 식품으로 이용할 수 있다. 최근 제주 해안에 자생하는 갯기름나물에서 항암 물질인 '후가닌(hyuganin) C'가 분리 추출되어 관심을 끌고 있다.

- **재료 선별과 손질법** _ 잎이 진한 녹색을 띠고 빳빳한 느낌이 나는 것이 신선하다. 데쳐서 나물이나 볶음 요리에 이용한다.
- **만들기 포인트** _ 무, 오이, 파프리카 등과 같이 피클로 담아도 독특한 향과 쌉쌀한 맛을 즐길 수 있다.
- **다른 요리** _ 방풍생채, 방풍무침, 방풍쌈, 방풍볶음, 방풍튀김, 방풍밥, 방풍샐러드

만드는 법

재료 방풍 500g

달임장 맛국물 3컵, 간장 1.5컵, 조선간장 1/4컵 **양념** 고추장, 참기름, 물엿, 통깨

만드는 법

1 방풍은 연한 것으로 골라 손질한 뒤 끓는 물에 데쳐 찬물에 헹군다.
2 ①의 방풍을 채반에 널어 물기를 말린 뒤 저장 용기에 담는다.
3 달임장 재료를 한데 넣고 끓여서 식힌다.
4 ②의 방풍에 달임장을 붓고 누름돌로 눌러둔다.
5 2~3일 후 장물을 따라 내어 끓여서 식혀 붓고 냉장 보관한다. 20일이 지나면 맛이 든다.
6 먹을 만큼 꺼내어 그냥 먹거나 입맛에 맞게 양념해 먹는다.

돼지감자장아찌

돼지감자는 늦가을~이른 봄이 제맛, 장아찌 숙성 기간은 1개월

돼지감자[뚱단지]

당뇨병 예방에 좋은 못생긴 감자

울퉁불퉁 못생긴데다 특별히 맛도 있는 것이 아니어서 '돼지감자'로 부르던 것이 당뇨병 특효약으로 귀한 식재료가 되었다. 풍부한 이눌린^{inulin} 성분은 단맛이 나면서도 소화 흡수가 되지 않아 급격한 혈당 상승을 막아 당뇨 예방 및 치료 효과를 보이며, 체지방의 축적을 방해하여 비만 예방에도 좋다. 땅속줄기의 끝이 굵어져서 덩이줄기가 발달하는데, 길쭉한 것에서 울퉁불퉁한 것까지 모양과 크기, 껍질 색깔이 다양하다. 맛이 가장 좋은 때는 잎이 지고난 가을부터 이른 봄까지이다. 껍질이 매우 얇아서 캐낸 즉시 보관에 신경 써야 주름이 지고 속살이 퍽퍽해지지 않는다.

한방에서는 뿌리를 '국우^{菊芋}'라는 약재로 쓰는데, 해열 작용이 있고 대량 출혈을 그치게 한다. 민간에서는 진통·자양 강장의 효과가 있어 신경통·류머티즘의 치료약으로 쓰기도 한다.

- **재료 선별과 손질법** _ 뚱딴지, 뚝감자라고도 하며 4월에는 어린순을, 10월에는 덩이줄기를 채취한다. 어린순은 데친 후 요리한다. 덩이줄기는 씻은 뒤 껍질을 벗겨 얇게 썬 것을 식초물에 담가 쓴맛을 뺀 후에 기름에 볶거나 단촛물에 절인다. 날것을 튀겨 먹을 수도 있다.
- **만들기 포인트** _ 돼지감자를 살짝 데쳐서 식초와 설탕을 넣어 피클로 담아도 좋다.
- **다른 요리** _ 돼지감자차, 돼지감자미숫가루, 돼지감자찜, 돼지감자조림

만드는 법

재료 돼지감자 300g

달임장 맛국물 1.5컵, 간장 1.5컵, 설탕 3큰술, 매실액 3큰술

만드는 법

1. 돼지감자를 잘 씻어서 채반에 펼쳐 물기를 말린 뒤 저장 용기에 담는다.
2. 달임장 재료를 한데 넣고 끓여서 식힌다.
3. ①의 돼지감자에 달임장을 붓고 누름돌로 누른 뒤 실온에 반나절 정도 둔다.
4. 다음 날 장물만 따라 내어 끓여서 식혀 부어서 냉장 보관한다. 한 달 정도 지나면 맛이 든다.

오갈피순장아찌

오갈피순은 4~5월이 제철, 장아찌 숙성 기간은 일주일

오갈피순

나무 전체가 약이 되는 귀한 산나물

손바닥처럼 5갈래로 갈라지는 잎 모양 때문에 '오갈피'라고 한다. 오갈피나무의 학명은 '아칸토파낙스 세실리플로루스 acanthopanax sessiliflorus'로, 만병을 치료한다는 의미가 있다. 인삼, 두릅과 같은 과에 속한다.

봄에 연한 순을 나물로 먹는 오갈피순은 산나물 중에서도 맛있는 편에 속한다. 약간의 쓴맛과 은은한 향기가 입맛을 개운하게 한다. 먹은 후 물을 마시면 오갈피 향기가 입 안에 확 터진다.

한방에서는 오갈피나무의 줄기와 뿌리껍질을 '오가피伍加皮'라 하여 탕이나 차로 끓여 먹는데, 혈액순환을 도와 기운을 회복하는 데 도움을 준다고 알려져 있다. 진통·진정·강심·타박상의 치료에 사용하며 강정제·음위제·진경제·단독제·강장제·피로해소제로 쓴다.

- 재료 선별과 손질법 _ 봄에 직접 채취할 때는 꺾이는 부분까지만 채취한다.
- 만들기 포인트 _ 가지에 돋은 새순을 따서 끓는 물에 데쳐 찬물에 담가 두었다가 쓰거나, 소금에 절여 헹구어 쓴맛을 연하게 하여 장아찌를 담근다. 식초물에 30분 정도 담갔다가 이용하기도 한다.
- 다른 요리 _ 오갈피나물무침, 오갈피고추장무침, 오갈피묵나물볶음, 오갈피튀김, 오갈피나물밥, 쌈

만드는 법

재료 오갈피순 1kg **절임장** 간장 2컵, 액젓 1.5컵
달임장 맛국물 3컵, 설탕 1컵, 매실액 1컵

만드는 법

1. 오갈피 새순이나 연한 잎을 씻어 물기를 뺀 뒤 저장 용기에 담는다.
2. 간장과 액젓을 섞어 절임장을 만들어 ①에 부은 뒤 누름돌로 하룻밤 눌러놓는다.
3. 다음 날 ②의 장물만 따라 내어 냄비에 담고, 달임장 재료를 한데 섞어 끓여서 식힌다.
4. ③의 달임장을 오갈피순에 붓고 2~3일 실온에 두었다가 냉장 보관한다. 일주일 정도면 먹을 수 있다.

참취장아찌

참취 생것은 5월이 제철, 묵나물은 대보름 나물, 장아찌 숙성 기간은 20일

참취

한국인이 가장 좋아하는 국민 산나물

향미가 독특하여 '향소(香蔬)'라고도 불리는 참취는 정월 대보름날 아침에 오곡밥을 싸서 먹는 '복(福)쌈' 재료로 쓰였다. 봄에 나는 어린순을 쌈, 겉절이, 나물로 먹으며, 데쳐서 말려 묵나물을 만들어 두었다가 들기름에 볶아 간장으로 간을 맞추어 먹으면 질감과 향미가 색다르다.

주성분은 당분·단백질·칼슘·인·철분·비타민(B_1·B_2)·니아신 등으로, 특히 칼륨이 많이 함유된 영양가 높은 알칼리 식품이다.

한방에서는 참취에 진통·해독·지혈·방광염 예방 효과가 있으며, 혈액순환 촉진 작용이 있는 것으로 보았다. 근골통·요통·두통·인후염·장염으로 인한 복통 등에 이용되며, 타박상이나 뱀에 물렸을 때에 치료약으로도 쓰여 왔다. 최근 연구에 의해 각종 발암물질의 작용을 62~98%로 강하게 억제하는 항돌연변이 효과가 밝혀져 주목을 받고 있다.

- 재료 선별과 손질법 _ 부드럽고 연한 녹색을 띠는 것이 뻣뻣하지 않고 향도 좋다. 줄기가 붉은색이 감도는 것, 잎 뒷면에 윤기가 도는 것이 좋다. 봄철에 산이나 들판에서 직접 채취할 때는 잎이 5~6개 정도 나고 길이가 10cm쯤 된 것이 맛과 향이 강하다. 말린 취나물은 따뜻한 물에 담가서 불린 후에 삶아서 찬물에 헹구어 사용한다.
- 만들기 포인트 _ 부드러운 잎은 씻어서 물기를 제거한 후 바로 달임장을 부어도 좋다.
- 다른 요리 _ 취나물밥, 취나물무침, 취나물전, 취나물죽, 쌈채

만드는 법

재료 참취 300g **데침물** 물 1ℓ, 소금 1작은술
달임장 맛국물 2컵, 고추장 1컵, 고운 고춧가루 1큰술, 매실액 1큰술, 조청 3큰술

만드는 법

1. 참취는 소금을 넣은 끓는 물에 살짝 데쳐서 찬물에 헹구어 채반에 널어 그늘에서 꾸덕꾸덕하게 말린 뒤 저장 용기에 담는다.
2. 달임장 재료를 한데 넣고 가볍게 끓여서 식힌다.
3. ①의 참취에 달임장을 넣고 버무려 꼭꼭 누른 뒤 냉장고에서 20일 이상 숙성시킨다.
4. 먹을 만큼 덜어 그냥 먹거나 입맛에 따라 참기름과 통깨를 넣고 양념해 먹는다.

초석잠장아찌

늦가을에 수확하여 가을~겨울이 제철, 장아찌 숙성 기간은 일주일

초석잠

두뇌 기능을 좋게 하고 치매 예방 효과가 큰 뿌리 약초

'초석잠草石蠶'은 꿀풀과의 여러해살이풀 석잠풀 stachys sieboldi miq.의 덩이줄기이다. 희고 뽀얀 살과 울퉁불퉁한 모양이 누에를 닮아 누에 '잠蠶'이라는 글자가 붙었다. 맛이 담백하고 독이 없어 다양하게 이용된다. 날것으로 먹어도 알싸한 맛이 좋고, 조림이나 장아찌 요리로도 좋으며, 초석잠을 말려 가루를 내어 국수나 떡을 만들 때 섞어도 좋다.

초석잠의 주요 성분인 페닐에타노이드 phenylethanoid 배당체는 두뇌 기능을 활성화하고 기억력을 향상시켜 치매 개선 효과를 나타낸다고 알려져 있다. 또한 천연 항균 효과, 항암·면역력 강화·간 기능 강화 등의 효능도 확인되었다. 일본생약연구팀은 '초석잠에 함유된 페닐에타노이드 배당체가 근무력증·뇌경색·노인성 치매 예방과 기억력 증진에 효과가 있다'는 연구 결과를 발표했다.

- **재료 선별과 손질법** _ 흙이 많이 묻어 있으므로 물에 담가 흙을 털어 내고 깨끗한 칫솔로 구석구석 깨끗이 닦듯이 씻는다.
- **만들기 포인트** _ 아삭한 초석잠의 식감을 그대로 유지하려면 반드시 뜨거운 간장물을 사용하도록 한다.
- **다른 요리** _ 초석잠차, 초석잠술, 초석잠조림. 초석잠전

만드는 법

재료 누에고치 모양 초석잠 400g **달임장** 맛국물 2컵, 간장·물엿·설탕 각 1컵, 술·식초 각 3큰술, 청양고추 2개

재료 골뱅이 모양 초석잠 300g **달임장** 맛국물 1컵, 조선간장 1/3컵, 조청·설탕 각 1/2컵, 술·식초 각 2큰술, 청양고추 2개

만드는 법

1 두 종류의 초석잠을 물에 담가 흙을 털어 내고 깨끗이 씻어 건진 뒤 물기를 말린 뒤 저장 용기에 각각 담는다.
2 달임장 재료를 각각 끓인다.
3 ①의 초석잠에 뜨거운 달임장을 붓고 누름돌로 눌러놓는다.
4 실온에서 3일 정도 두었다가 장물만 따라 내어 끓여서 식혀 붓고 냉장 보관해 두고 먹는다. 일주일이 지나면 먹을 수 있다.

칡순장아찌

칡순 채취 시기는 4~5월, 장아찌 숙성 기간은 1개월

칡순

전국의 산과 들에서 만나는 만능 약초

어떤 일이나 사정事情이 복잡複雜하게 뒤얽혀 화합和合하지 못하는 것을 뜻하는 '갈등葛藤'이란 말은 칡과 등나무가 얽히고설킨 데서 왔다. 칡은 양지바른 산기슭이나 들판에서 다른 나무나 풀을 감으며 길게 자라고 뿌리는 땅속으로 깊게 뻗는다. 예부터 식용, 약용으로 두루 쓰였다. 이른 봄에 생뿌리를 캐서 숙취와 갈증을 해소했고, 어린순은 나물로 먹었으며, 여름에는 꽃을 말려 차를 만들고, 가을엔 칡뿌리를 캐어 말려서 달여 먹거나 뿌리의 녹말을 채취하여 묵, 죽, 국수, 엿, 효소 발효액 등을 만들어 먹었다. 한방에서는 뿌리를 갈근, 꽃을 갈화라고 부르는데, 주로 숙취나 당뇨병에 다른 약재와 함께 처방한다. 민간에서는 위장이 답답하고 명치 끝이 뻐근할 때 먹었다. 최근 한 연구에 따르면 칡에는 석류보다도 여성호르몬인 에스트로겐이 많이 함유돼 있어 갱년기에 좋다고 한다.

- 재료 선별과 손질법 _ 주변이 청정한 곳에서 자라는 연한 칡순을 뜯는다.
- 만들기 포인트 _ 봄에 나는 여러 가지 산야초의 연한 순이나 잎은 먹을 수 있다. 칡순, 칡잎, 청미래잎, 찔레순도 예전에는 먹거리였다. 찔레순은 껍질을 벗겨 생으로 먹거나 겉절이로 무쳐 먹기도 한다.
- 다른 요리 _ 칡꽃튀김, 칡뿌리차, 칡잎장아찌

만드는 법

재료 칡순 200g **데침물** 물 1 *l*, 소금 1작은술
달임장 맛국물 2컵, 소금 3큰술, 설탕 1컵

만드는 법

1. 칡순 연한 부분을 채취한 뒤 끓는 물에 소금을 넣고 살짝 데쳐 찬물에 헹군다.
2. ①의 칡순을 면포에 싸서 물기를 제거하거나 채반에 펼쳐 물기를 말린 뒤 저장 용기에 담는다.
3. 달임장 재료를 한데 넣고 끓여서 식힌다.
4. ②의 칡순에 달임장을 붓고 누름돌로 눌러 준 뒤 실온에 3일간 보관한다.
5. 3일이 지나면 장물을 따라 내어 끓여서 식혀 붓고 냉장 보관한다. 숙성된 장아찌는 신기하게도 쇠고기장조림 맛이 난다. 칡순은 연해 보이지만 섬유질이 은근히 질기므로 한 달가량 지나야 맛이 든다.

노루궁뎅이버섯장아찌

버섯 수확기는 가을, 장아찌 숙성 기간은 일주일

노루궁뎅이버섯

산삼만큼 귀한 버섯

노루궁뎅이버섯은 주로 우리나라와 중국, 일본의 삼림이 우거진 계곡에서 살아 있는 활엽수나 죽은 활엽수의 수간부나 그루터기에서 발견된다. 최근에는 인공 재배 농가가 늘고 있고, 중국에서는 약선 요리 재료로, 일본에서는 스포츠 음료·주류·약제 등으로 개발되어 있다. 《중국 약용-진균》(1978년)이라는 책에 '소화불량, 위궤양, 신경쇠약, 신체허약에 효과가 있는 약용 및 식용 버섯'으로 소개되어 있다. 향이 강하고, 맛이 좋으며, 특히 위궤양·십이지장궤양·만성위염의 치료에 이용되고, 버섯에서 분리된 다당류(HEPS)는 기주의 면역 기능을 향상시켜 암세포 생장을 억제하는 것으로 알려져 있다. 노루궁뎅이버섯의 특유한 성분인 헤리세논·에리나신은 천연 물질 중 가장 강력한 알츠하이머성 치매 치료 물질로 알려져 있다.

- **재료 선별과 손질법** _ 긴 침이 촘촘하게 나 있어 고슴도치와 비슷한 모양이다. 버섯 전체가 백색에서 차차 연한 황색으로 된다. 나무를 하얗게 썩게 하는 백색부후균이다.
- **만들기 포인트** _ 숙성된 노루궁뎅이버섯장아찌의 맛은 오래 끓인 곰국의 고기처럼 푸석한 식감과 누린내가 약간 났다. 이 버섯의 이름이 노루궁뎅이버섯인 이유가 누린내가 나기 때문으로 짐작이 간다. 버섯 종류의 장아찌를 무칠 때는 참기름, 깨소금, 파 정도만 넣어야 버섯 특유의 향과 식감을 느낄 수 있다.
- **다른 요리** _ 노루궁뎅이버섯술, 노루궁뎅이버섯엑기스, 노루궁뎅이버섯차, 노루궁뎅이버섯가루

만드는 법

재료 노루궁뎅이버섯(마른 것) 100g 데침물 물 1ℓ, 소금 1작은술
달임장 맛국물 2컵, 조선간장·설탕 각 3/4컵, 마른 고추 2개, 마늘 3알, 생강 1톨

만드는 법

1 노루궁뎅이버섯은 미지근한 물에 불려 부드럽게 만든 뒤 소금을 넣은 끓는 물에 살짝 데쳐서 건져 그대로 물기를 짠 뒤 채반에 널어 말린다.
2 마늘과 생강은 편으로 썰고 고추는 적당한 크기로 자른다.
3 달임장 재료를 한데 넣고 끓여서 식힌다.
4 ①의 버섯을 저장 용기에 담고 달임장을 부은 뒤 누름돌로 눌러놓는다. 실온에 하루 정도 두었다가 냉장 보관한다.
5 3일 뒤에 장물을 따라 내어 끓여서 식혀 다시 붓는다. 일주일이 지나면 먹을 수 있다.

단백질과 칼슘이 풍부한 해산물로 담그는 장아찌는 어린이의 발육을 돕고, 자칫 식욕을 잃어 영양이 부족해지기 쉬운 노인들의 입맛을 사로잡는 별미 장아찌이다. 제철 해산물을 손질하여 정성껏 담근 장아찌는 명절이나 귀한 분께 드리는 선물로 안성맞춤이다.

해산물로 만드는
장아찌

가시파래장아찌

가시파래 수확기는 11월 말~4월 초, 장아찌 숙성 기간은 하루

가시파래[감태]

바다의 클로렐라

흔히 '감태' 또는 '감태김'으로 알려져 있다. 김처럼 말려서 먹는 해조류로, 당분이 많고 쌉쌀한 맛이 일품이다. 얼핏 보면 매생이나 파래와 비슷하다. 민물과 바닷물이 섞이는 갯벌 주변에서 잘 자라며, 현재까지는 양식이 안 되고 자연산만 채취하므로 값은 김의 5배 정도 된다.

미네랄, 비타민, 섬유질이 풍부한 해조류로 철분 함량이 높은 편이라 빈혈 예방에 좋으며, 칼슘은 우유보다 많다. 푸코이단이 풍부하여 노폐물 배출과 면역력 상승을 돕는다. 요오드가 풍부해서 신진대사를 원활하게 하고 혈관 내 나쁜 콜레스테롤을 배출시켜 동맥경화증 등의 혈관계 질환을 예방한다.

- **재료 선별과 손질법** _ '달착지근한 이끼'라는 뜻으로 파래보다 단맛이 조금 더 나는 것이 특징이다. 잡티가 없고 향긋한 바다 냄새가 나는 진한 녹색으로 잘 마른 것이 좋다.
- **만들기 포인트** _ 달임장 재료에 된장을 넣고 끓여서 감태에 조물조물 무쳐 먹어도 맛있다. 오래 두어 짠맛이 강하면 장물을 꼭 짜고 조청이나 물엿을 1큰술 정도 넣고 주물러 두면 장물이 나오면서 짠맛이 순해지고 맛이 있다. 바닷가에서는 각종 영양소가 풍부하고 저렴하여 겨울철 채소의 자리를 채워 주는 식품이다.
- **다른 요리** _ 감태무침, 감태튀김, 감태전, 감태김치, 냉채

만드는 법

재료 말린 감태 100g, 생강 1톨 **달임장** 맛국물 6컵, 액젓·조선간장·설탕 각 1/2컵

만드는 법

1. 마른 감태는 이물질을 떼어 내어 손질하고, 생강은 편으로 썬다.
2. 달임장 재료를 한데 넣고 끓여서 식힌다.
3. 손질한 감태를 저장 용기에 꼭꼭 눌러 담고 달임장을 부은 뒤 누름돌로 눌러놓는다.
4. 2~3일 뒤 장물만 따라 내어 끓여서 식혀 붓는다. 담근 날부터 먹을 수 있다.

Tip 생강의 아삭한 질감과 방향 성분이 감태의 물컹한 질감과 비린맛을 조절하여 산뜻한 맛을 낸다.

곰피장아찌

곰피 수확기는 2~3월, 장아찌 숙성 기간은 3일

곰피

화장품의 원료가 되는 해조류

'쇠미역'이라고도 불리는 곰피는 미역보다는 두껍고 다시마보다는 얇으며, 잎 전체가 울퉁불퉁하고 구멍이 뚫려 있으며 표면에 우둘투둘한 자국이 곰보 자국 같다고 하여 '곰피'라 한다. 엽산이 많고, 무기질과 비타민도 골고루 들어 있는데, 특히 칼슘이 매우 풍부하다. 곰피는 미백 효과와 주름살 제거 효과가 크고, 변비를 예방한다. 곰피 추출물은 구강청결제나 화장품 제조 등 다양한 용도로 활용되고 있다.

부경대 식품영양학과의 연구 결과, 곰피는 골관절염 치료에 도움을 주는 항염증과 항산화 효능이 뛰어난 것으로 나타났다. 항산화 활성이 강한 9종의 플로로타닌이 강한 항염증 활성을 나타내며, 그중 엑콜eckol이라는 성분은 간 기능 개선 효과가 뛰어나다.

다른 해조류와 마찬가지로 점질물인 알긴산alginic acid은 중금속·농약·콜레스테롤 등을 흡착하여 배출시키며, 항암 작용, 혈압 강하 작용, 항응혈 작용을 한다.

- 재료 선별과 손질법 _ 잎이 도톰하고 크며 줄기가 검은 녹색을 띠는 것이 싱싱한 것이다. 물기가 마르지 않도록 밀봉하여 냉장 보관한다.
- 만들기 포인트 _ 밀폐 용기에 누름 접시나 돌이 없다면 비닐봉지에 물을 담아 물주머니를 올려도 된다. 하지만 물이 새지 않도록 단단히 싸는 것을 잊지 말자. 재료가 달임장에 잠기지 않는 부분에 곰팡이나 변질의 원인이 되기 때문에 반드시 용액에 잠기도록 한다.
- 다른 요리 _ 곰피쌈채, 곰피쌈, 곰피국, 곰피볶음, 곰피무침, 곰피튀각, 곰피냉국

만드는 법

재료 곰피 800g, 소금 1큰술
달임장 맛국물 5컵, 간장·조선간장·설탕 각 1/2컵, 매실청 2컵, 청양고추 10개

만드는 법

1 곰피를 소금물에 바락바락 주물러 씻은 뒤 끓는 물에 소금을 넣고 재빨리 데쳐서 찬물에 헹군다.
2 ①의 곰피를 채반에 펼쳐 꾸덕하게 물기를 말린 뒤 저장 용기에 담는다.
3 달임장 재료를 한데 넣고 팔팔 끓기 시작하면 약불에서 5분간 더 끓여 식힌다.
4 곰피에 달임장을 부은 뒤 누름돌로 눌러 실온에 둔다.
5 3일 후 장물만 따라 내어 끓여서 식혀 부은 뒤 냉장 보관한다. 3일 후부터 먹을 수 있다.

김장아찌

김은 겨울이 제철, 장아찌 숙성 기간은 일주일

김

400년 역사를 지닌 친숙한 해조류

겨울에 잘 자라는 김은 맛과 영양도 겨울에 가장 좋다. 마른 김 100g에는 단백질이 30~40g이나 들어 있어 '바다에서 나는 쇠고기'라고 할 수 있으며 각종 비타민도 풍부하다. 비타민 A가 풍부하여 면역력을 높여 주고 눈 건강을 돕는데, 김 한 장에 들어 있는 비타민 A 함량은 계란 2개분이다.

- 재료 선별과 손질법 _ 김은 빛깔이 검고 윤기가 돌며, 잡티가 없고, 촘촘한 것이 좋다. 김 한 톳의 끝을 잡았을 때는 부드럽게 늘어지듯 꺾이는 것, 구웠을 때 청록색으로 변하는 것이 좋다. 좋은 김은 잘게 찢어서 물에 넣었을 때 바로 풀리면서 국물이 맑다. 습기와 햇빛에 약하므로 김 크기의 통에 마른 종이 한 장을 깔고 김을 빼곡하게 채워 넣은 뒤 습기 제거제를 넣고 뚜껑을 닫은 뒤에 밀봉에 신경 써서 서늘하고 어두운 곳에 보관한다.
- 만들기 포인트 _ 김은 김밥용이나 부각용으로 가장 두꺼운 것을 고른다. 파래가 많이 든 얇은 김은 장아찌용이 아니다. 김은 수분에 풀어지므로 달임장을 충분히 조려야 김이 풀어지지 않는다. 들깨를 뿌려 주면 먹을 때 들깨알이 입안에서 톡톡 터지는 식감이 살고 먹을 때 떼어 내기가 좋다.

- 다른 요리 _ 김부각, 김무침, 김냉국, 김국

만드는 법

재료 김밥용 김 20장, 통마늘 3쪽, 생강 1톨, 청양고추 1개, 들깨 2큰술
달임장 맛국물 5큰술, 간장 6큰술, 설탕·물엿·청주 각 2큰술, 매실청 3큰술

만드는 법

1 두터운 김밥용 김을 먹기 좋게 8등분한다.
2 마늘과 생강은 편으로 썰고, 고추도 적당히 자른다.
3 달임장 재료를 한데 넣고 센 불에서 끓으면 중간 불에서 10분, 약한 불에서 7~8분 끓인 뒤 건더기를 건져 낸다. 달임장 농도는 되직해야 한다.
4 저장 용기에 김을 2~3장씩 포개 놓고 달임장을 골고루 바른 뒤 ②를 한 켜 올리고 볶은 들깨를 뿌린다. 이를 계속 반복한다.
5 남은 달임장을 김이 잠길 정도로 붓고 누름돌로 눌러놓는다.
6 다음 날 위아래를 뒤집어 준다. 남은 간장이 거의 다 스며든다. 냉장고에 넣고 일주일 정도 숙성시켜 간이 배면 먹을 만큼씩만 덜어 먹는다.

꼬시래기장아찌

장아찌 숙성 기간은 하루

꼬시래기

바다의 국수

가늘고 긴 모습이 마치 국수 같아서 '바다의 국수'로 불리는 꼬시래기는 전남 장흥이 주산지이다. 주로 한천의 원료로 이용되어 오다가, 초무침 등의 식재료로 소비되고 있다.
《본초강목》에서는 '맛은 달며 성질은 차고 독이 없으며 소변을 배출시키고 내열을 제거한다'고 설명하고 있다. 어린이의 발육을 돕고 노약자들의 골다공증을 예방하며, 다른 해조류와 마찬가지로 몸속 중금속을 배출하는 데 효과가 있다. 또한 고혈압이나 당뇨 등 성인병을 예방하고, 변비 개선 효과가 크며 특히 다이어트 식품으로도 좋다.

- **재료 선별과 손질법** _ 향긋한 바다 냄새가 나는 자줏빛의 기다란 끈처럼 생긴 바다풀이다. 비린내가 나는 것은 신선하지 않다. 이물질이 없고 색이 진한 것이 좋다.
- **만들기 포인트** _ 꼬시래기를 살짝 데쳐 물기를 거두고 고추장에 버무려 두면 '꼬시래기고추장장아찌'가 된다. 맛이 들면 꼬들꼬들한 칡국수 같은 느낌이지만 오래 두면 퍼진 국수처럼 탄력이 없어 맛이 없다. 조금씩만 담가 먹는다.
- **다른 요리** _ 꼬시래기냉채, 꼬시래기밥, 꼬시래기무침

만드는 법

재료 꼬시래기 200g
달임장 맛국물 2컵, 간장 2컵, 조청 1/4컵, 생강편·고추씨 각 1큰술

만드는 법

1. 꼬시래기는 소금물에 바락바락 주물러 씻어서 채반에 펼쳐 물기를 거둔 뒤 큼직하게 썰어서 저장 용기에 담는다.
2. 달임장 재료를 한데 넣어 끓으면 건더기를 걸러 내고 뜨거울 때 저장 용기에 붓고 실온에 둔다.
3. 다음 날 장물만 따라 내어 끓여서 식혀 붓고 냉장 보관한다. 하루 지나면 먹을 수 있다.

미역귀장아찌

장아찌 숙성 기간은 2일

미역귀

요오드결핍증에 좋은 바다의 보물

미역귀는 미역의 뿌리 근처에 붙어 있는 미역의 생식 기관으로, 잎 부분인 미역보다 점성이 강하고, 오돌토돌한 식감이 좋아 다양하게 활용되고 있다. 미역귀의 주목할 만한 성분은 푸코이단fucoidan으로, 해조류에 들어 있는 푸코스, 갈락토스, 만노스, 글루쿠론산, 황산, 자일로스 등의 다당체이다. 암·고혈압 등의 성인병에 효과가 있고, 항궤양 작용, 간염 개선 작용, 혈액 응고 억제 작용, 저콜레스테롤 작용, 항알레르기 작용 등이 있는 것으로 밝혀졌다.

미역에는 지혈과 자궁 수축을 돕고 피를 맑게 해 줄 뿐만 아니라 젖 분비를 촉진하는 요오드와 무기질이 풍부하다. 특히 비타민 A·B군이 풍부하여 간장 해독 작용을 하고 식이섬유가 풍부하여 장의 연동 운동을 좋게 하여 변비와 대장암을 예방하는 데 좋다. 또한 콜레스테롤 수치를 떨어뜨려 동맥경화와 당뇨병을 예방하며 혈압 조절 작용을 한다.

- **재료 선별과 손질법 _** 검은색을 띠며 윤기가 나고 눅눅하지 않으며 바싹 말린 것을 고른다.
- **만들기 포인트 _** 미역귀는 오래 물에 담가 두면 미끈거리는 점액 성분인 알긴산alginic acid이 나와 느른해진다. 씻지 말고 젖은 행주로 닦고 스프레이로 물을 뿌려 주는 방법도 있다. 장물에 오래 담가 두어도 느른해지기 때문에 조금씩만 담가 먹는다. 단, 미역은 파와 함께 먹지 않는 것이 좋다. 파에 함유된 인과 유황 성분이 미역에 들어 있는 칼슘의 흡수를 방해하고 파의 강한 냄새가 미역 고유의 맛을 가리기 때문이다.
- **다른 요리 _** 미역귀구이, 미역귀튀각

만드는 법

재료 미역귀(말린 것) 100g

달임장 맛국물 1컵, 간장 1/2컵, 생강술 3큰술, 설탕 3큰술, 마른 고추 2개

만드는 법

1 미역귀는 물에 헹구듯이 가볍게 씻어서 채반에 펼쳐 꾸덕꾸덕하게 물기를 말려 저장 용기에 담는다.
2 달임장 재료를 한데 넣고 끓여서 식힌다.
3 ①의 미역귀가 잠길 정도로 달임장을 붓는다. 실온에 하루 정도 두었다가 냉장 보관한다. 2일이 지나면 먹을 수 있다.

대하장

대하 제철은 9~12월, 장아찌 숙성 기간은 10일

대하

가을철에 제맛이 나는 고단백 고칼슘 식품

탱글거리는 살과 담백하고 고소한 맛이 인기 있는 대하는 가을철 서해안의 상징이다. 고단백, 고칼슘, 저지방 식품인 대하는 스테미나를 강화하고, 뼈를 튼튼하게 하며, 다이어트 식품으로도 좋다. 타우린과 키토산이 풍부한데, 타우린은 해독 작용을 함으로써 간 기능 개선에 효과가 있고, 키토산은 지방의 체내 침착을 막고 노폐물의 배출을 촉진하여 혈중 콜레스테롤을 낮춰 주는 역할을 한다. 대하를 양배추와 같이 먹으면 맛의 조화가 잘 이루어지고 양배추가 새우에 부족한 비타민 C와 섬유소를 보충한다.

- 재료 선별과 손질법 _ 모양이 반듯하며 껍데기가 단단하고 투명하며 광택이 있는 것을 고른다. 수염과 다리가 늘어지지 않은 것이 싱싱하다. 머리 부분이 검거나 전체가 흰색으로 불투명한 것은 피한다. 옅은 소금물에 살살 흔들어 씻은 뒤 머리를 떼어 내고 내장을 발라낸다. 내장을 발라내지 않으면 쓴맛이 난다.
- 만들기 포인트 _ 손질되어 있는 칵테일 새우를 사용하면 편리하다. 칵테일 새우를 끓는 물에 살짝 데쳐서 피클로 담아 두면 3일 후면 먹을 수 있다.
- 다른 요리 _ 새우냉채, 새우찜, 새우구이, 새우볶음

만드는 법

재료 대하 15마리(750g), 대파 1대(10㎝ 길이), 마늘 5쪽, 생강 1톨, 마른 고추 1개

달임장 물 1/2컵, 간장 2컵, 설탕 1/2컵, 맛술 1/4컵, 소금 1/2큰술, 조청 2큰술, 통후추 1/3작은술

만드는 법

1 대하를 굵은 소금으로 문질러 흐르는 물에 씻는다.
2 대하 입, 긴 수염, 머리 위의 뾰족한 부분을 가위로 잘라 내고, 등 쪽 두 번째와 세 번째 마디 사이에 이쑤시개를 찔러 넣어 내장을 제거한다.
3 대파는 2㎝ 길이로 썰고, 마늘과 생강은 편으로 썬다. 마른 고추는 가위로 2등분한다.
4 달임장 재료를 한데 넣어 끓인 뒤 면포에 걸러 국물을 완전히 식힌다.
5 저장 용기에 손질한 새우를 담고, 대파, 마늘, 생강, 고추를 올린다.
6 ⑤에 달임장을 붓고 누름돌로 누른 뒤 실온에 둔다.
7 다음 날 간장물을 끓여서 식혀 부은 뒤 누름돌로 눌러 냉장 보관한다. 달임장은 2~3회 더 끓여 붓는다. 10일이 지나면 숙성된다.

전복장

전복은 초여름이 제철, 장아찌 숙성 기간은 10일

전복

어른께 드리는 가장 귀한 선물, 바다의 산삼

'바다의 산삼'으로 불리는 전복은 어패류 중에서 단백질이 많고 감칠맛을 주는 글루탐산이 풍부하며 지방이 적고 비타민과 미네랄이 풍부하여 체력이 떨어진 사람이 먹으면 원기 증진 및 피로 해소 효과가 크다. 전복에 풍부한 타우린 성분은 간장을 보호하고 시력을 좋게 하는 효능이 있다. 한방에서는 전복 껍데기를 눈의 질환을 치료하는 석결명石決明이라는 약재로 이용한다.

- **재료 선별과 손질법** _ 산란 전인 봄에서 여름철에 가장 맛이 좋다. 껍질은 거칠고 살은 탄력이 있으며 내장이 터지지 않은 것이 신선하다. 살아 있는 것을 구하는 것이 안전하다.
  전복을 썰 때는 사선 방향으로 놓고 썬다. 똑바로 썰면 전복살의 조직 방향 때문에 다소 질겨진다.
- **만들기 포인트** _ 전복살이 통통하고 탄력적인 살아 있는 것을 고른다. 찜기에 술을 넣고 살짝 김만 들인다는 생각으로 쪄 내면 맛이 들어도 비린내가 없다. 전복을 오래 찌면 살이 질겨지고 줄어들어 버린다.
- **다른 요리** _ 전복죽, 생전복무침, 전복찜

만드는 법

재료 전복 20개(중간 크기), 대파 1대(10cm), 마늘 5쪽, 생강 1톨, 마른 고추 1개, 청주 1/2컵
달임장 간장 2컵, 물·설탕 각 1/2컵, 맛술 1/4컵, 소금 1/2큰술, 물엿 2큰술, 통후추 1/3작은술

만드는 법

1. 전복은 살에 소금을 뿌리고 솔로 구석구석 문지르며 껍질까지 씻은 뒤 물기를 닦는다.
2. 수저로 살과 껍데기를 분리한 다음 내장에 칼끝을 대고 살살 잡아당겨 떼어 낸다.
3. 찜기에 청주를 넣고 김이 오르면 전복 살을 넣고 센 불에 2분 정도 쪄서 식힌다.
4. 대파는 2cm 길이로 썰고, 마늘과 생강은 편으로 썬다. 마른 고추는 2등분한다.
5. 달임장 재료를 한데 넣어 끓인 뒤 면포에 걸러 국물을 완전히 식힌다.
6. 저장 용기에 손질한 전복을 담고, 대파, 마늘, 생강, 고추를 올린다.
7. ⑥에 달임장을 붓고 누름돌로 누른 뒤 실온에 둔다.
8. 이틀 뒤에 장물을 끓였다가 식혀서 붓고 누름돌로 눌러 냉장 보관한다. 달임장은 저장 기간에 따라 2~3회 더 끓여 붓는다. 양이 많다면 냉동 보관하고 먹는다. 10일 지나면 숙성된다. 빨리 먹고 싶은 때는 실온에 두는 시간을 늘려 조절한다.

조갯살 · 새우 · 홍합장아찌

장아찌 숙성 기간은 15일

조갯살 · 새우 · 홍합

국민의 마른 반찬 3종 세트

- **재료 선별과 손질법** _ 조개류는 껍질이 단단하고 껍질에 광택이 있으며 파르스름한 빛을 내는 것이 좋다. 껍질을 칼등으로 두드렸을 때 속살이 움츠러들어야 하며 입이 벌어져 있지 않고 악취가 없으며 해감이 적은 것이 좋다.

  생조개를 손질할 때는 깨끗이 씻어 체에 밭친 후에 바닷물 정도의 소금물에 반나절 정도 담가 둔다. 조리 직전에 소금물을 빼고 손으로 껍질과 껍질이 서로 다각다각 하고 부딪치도록 잘 씻어야 비린내가 나지 않는다. 마른 새우는 조리 전 기름을 두르지 않은 팬에 살짝 볶거나 체에 담아 흔들면 수염이나 부스러기들을 쉽게 제거할 수 있다.

  홍합은 살이 통통하고 윤기가 나며 비린내가 나지 않는 것이 신선하다. 껍질을 벗겨 보아 살이 붉은 빛이 도는 것으로 고른다.

- **만들기 포인트** _ 말린 조갯살 · 새우 · 홍합을 달임장에 변화를 주어 다른 맛을 내는 방법이다. 마른 것이므로 불릴 때 맛국물과 청주를 넣어 비린내와 잡냄새를 없애고 부드럽게 한 밑반찬이다. 재료를 합해서 담가도 좋다.

- **다른 요리** _ 조개탕수, 조갯국, 조개부침, 조개구이, 조개회 등

만드는 법

재료 마른 조갯살 200g, 맛국물 2컵, 청주 2큰술 **조갯살 달임장** 맛국물 2컵, 조선간장 1/2컵, 매실액 1/4컵, 물엿 1컵, 마른 고추 2개, 소주 1/2컵

재료 마른 새우 100g, 맛국물 3컵, 청주 3큰술 **새우 달임장** 맛국물 2컵, 간장 1/2컵, 매실액 1/4컵, 물엿 1컵, 마른 고추 2개, 소주 1/2컵

재료 마른 홍합 200g, 맛국물 1.5컵, 청주 1.5큰술 **홍합 달임장** 까나리액젓 1/2컵, 맛국물 2컵, 매실액 1/4컵, 물엿 1컵, 마른 고추 2개, 소주 1/2컵

만드는 법

1. 조갯살, 새우, 홍합을 물에 가볍게 헹구어 각각 맛국물과 청주를 넣고 충분히 불린 뒤 체에 밭쳐 물기를 뺀다.
2. 재료별로 각각 달임장 재료를 끓여서 식힌다.
3. 저장 용기에 손질한 재료를 각각 담고 달임장을 부은 뒤 누름돌로 눌러 준다(재료를 한데 섞어 담가도 좋다).
4. 다음 날 장물만 따라 내어 끓여서 식혀 붓고 냉장 보관한다. 15일이 지나면 숙성된다.

북어고추장장아찌

싱싱한 명태는 12~1월이 제철, 북어와 황태는 1년 내내 유통, 장아찌 숙성 기간은 20일

북어

알코올 해독에 최고

북어는 말린 명태를 부르는 이름으로, '건태'라고도 하며, 한겨울 내내 눈과 바람에 얼고 녹는 것을 20회 이상 반복하여 마른 것을 '황태'라고 부른다. 명태(북어)는 좋은 단백질이 풍부하고 지방은 적다. 명태가 마르면서 북어(황태)가 되면 수분이 줄어들고 단백질의 양이 2배로 늘어나 전체 성분의 56%를 차지할 정도의 고단백식품이 된다. 아미노산 성분은 간을 보호해 주므로, 간장 해독, 숙취 해소, 노폐물 제거 효과가 크다.

습기에 약하므로, 보관할 때는 바람이 통하고 그늘진 곳에 매달아 둔다.

- **재료 선별과 손질법 _** 마른 명태의 품질이 가장 좋은 상품은 빛이 누렇고 살이 연한 것으로, '더덕북어'라고 한다. 밤에는 얼고 낮에는 녹아 살이 더덕처럼 부푼 것이다.
통북어는 방망이로 두들겨 젖은 행주로 싸서 무거운 도마나 그릇으로 눌러두거나 쌀뜨물에 담가 적당히 불리면 부드러워진다. 북어가 적당히 불면 머리를 자르고 가운데 뼈를 발라내어 요리한다.
- **만들기 포인트 _** 북어포(황태포)에 수분이 없으면 딱딱하여 양념이 잘 스며들지 않고, 수분이 많으면 변질될 수 있다.
- **다른 요리 _** 북어(황태)해장국, 북어조림, 통북어찌개, 북어포회, 북어구이

만드는 법

재료 북어포(황태포) 200g **양념장** 맛국물 3큰술, 고운 고춧가루 1/4컵, 간장 3큰술, 고추장 2컵, 조청 1컵, 소금 1/2작은술 **양념(기호에 따라)** 다진 파, 생강즙, 참기름, 통깨

만드는 법

1 북어를 가늘게 찢어 놓는다. 또는 황태포를 준비한다.
2 북어가 바싹 말랐을 경우 양념이 잘 스며들도록 맛국물 3큰술을 분사하여 촉촉하게 한다.
3 ②의 북어포에 고춧가루와 간장을 먼저 넣고 버무린 뒤 고추장, 조청, 소금을 넣고 다시 골고루 버무린다.
4 저장 용기에 ③을 꾹꾹 눌러 담고 그 위에 고추장을 두둑이 얹고 실온에서 2~3일 두었다가 냉장 보관한다. 20일 정도면 숙성된다.
5 먹을 만큼 꺼내어 그냥 먹거나 양념해 먹는다.

해파리장아찌

장아찌 숙성 기간은 일주일

해파리

열량이 거의 없고 꼬들꼬들한 식감이 매력

해파리는 해삼, 멍게와 더불어 3대 저칼로리 해산물로 손꼽힌다. 씹는 맛이 일품인 식품으로 식욕을 돋우어 주는 식재료이다. 수분 98%에 한천질과 단백질로 구성되어 있는데, 한천질의 특성상 열량이 거의 없어 다이어트식으로 좋으며, 대장 운동을 촉진하여 장을 깨끗하게 한다.

전 세계에 분포되어 있는 200여 종의 해파리 가운데 식용 가능한 것은 10여 종 정도이며, 그중 대표적인 것이 '숲뿌리해파리 rhopilema esculentum'이다.

- **재료 선별과 손질법** _ 해파리는 간이 쉽게 배지 않는 식품이므로 소금으로 절인 것을 구입하는 것이 편리하다. 냉채로 먹을 때는 엷은 소금물에 담가 3~4시간 정도 우려서 짠맛을 뺀 다음 냉수에 헹구어 썻는다. 약 50℃의 따뜻한 물에 채 썬 해파리를 넣어 살짝 데친 다음 쪼글쪼글해지면 얼른 건져서 찬물에 충분히 헹구어 마른 거즈에 싸서 물기를 꼭 짠 다음 냉장고에 넣어 차게 둔다.
- **만들기 포인트** _ 해파리는 찬물이나 염도가 낮은 소금물에 담가 중간에 2~3번 물갈이를 하여 짠맛을 제거한 다음 물기를 뺀 후에 사용한다. 조선간장을 사용하면 더 맑은 색의 장아찌가 된다.
- **다른 요리** _ 해파리냉채, 해파리샐러드, 해파리미나리무침

만드는 법

재료 해파리 1*kg*, 톳 200g

달임장 물 2컵, 간장 1컵, 조청 1컵, 설탕 8큰술, 청주 5큰술, 식초 1/2컵

만드는 법

1. 해파리를 물에 2~3시간 담가 놓되 중간중간 2~3회 물갈이하여 짠맛을 빼고 소쿠리에 건진다. 생톳을 조물조물 주물러 썻는다.
2. 해파리와 톳을 끓는 물에 살짝 데쳐서 찬물에 헹군 뒤 채반에 펼쳐 꾸덕꾸덕하게 말린다.
3. 식초를 제외한 달임장 재료를 한데 넣고 끓어오르면 식초를 넣고 살짝 끓여서 식힌다.
4. 저장 용기에 해파리와 톳을 담고 달임장을 부은 뒤 누름돌로 눌러서 실온에 둔다. 일주일 정도 지나면 먹을 수 있다. 그냥 먹거나 양념하여 먹는다.

마늘장아찌나 전복장아찌를 곱게 다져 넣은 쌈장, 매실장아찌를 얹은 샐러드, 단무지 대신 나물장아찌를 넣은 김밥, 넓은잎 채소와 산나물을 쌈으로 사용하는 장아찌쌈밥, 다양한 장아찌를 고명으로 얹은 비빔밥, 그리고 장아찌를 밀가루나 쌀가루와 섞어 노릇노릇 지진 장아찌전은 재료는 평범하지만 정성은 지극한 별미 음식이다.

장아찌를 활용한
별미 요리

장아찌양념장

북어매실고추장

전복레몬간장

장아찌간장

새우두부된장

북어매실고추장

재료 고추장 3큰술, 북어장아찌 200g, 매실절임 2큰술, 다진 마늘 · 꿀 · 매실절임액 각 1큰술, 쪽파 1줄기, 깨소금 1/2큰술, 참기름 1작은술, 마늘 1쪽

만드는 법

1 북어장아찌는 고추장이 묻은 채로 2㎝ 크기로 자르고, 매실절임은 굵게 다진다.
2 쪽파는 쫑쫑 썰고 마늘(마늘장아찌)은 다진다.
3 볼에 분량의 쌈장 재료를 모두 넣고 잘 섞는다.

전복레몬간장

재료 전복장 간장 3큰술, 전복장아찌 1~2개, 레몬 1/5개, 마늘종장아찌 약간, 풋고추장아찌 1개, 쪽파 1줄기, 깨소금 1/2큰술

만드는 법

1 레몬은 소금으로 문질러 씻은 뒤 얇게 저며 전복 간장에 넣고 20분간 둔다.
2 전복장의 전복을 건져서 굵게 다진다.
3 마늘종장아찌와 풋고추장아찌, 쪽파는 송송 썬다.
4 준비된 재료를 한데 섞는다.

장아찌간장

재료 새우장아찌 50g, 조갯살장아찌 100g, 건새우장아찌 장물 5큰술, 청양고추 2개, 고춧가루 · 다진 마늘 · 참기름 각 1작은술, 쪽파 2줄기, 깨소금 1/2큰술

만드는 법

1 새우 · 조갯살장아찌는 굵게 다지고, 청양고추는 송송 썬다.
2 쪽파는 쫑쫑 썰고 볼에 분량의 쌈장 재료를 모두 넣고 잘 섞는다.

새우두부된장

재료 두부 1/4모, 새우 · 조갯살장아찌 4큰술, 된장 4큰술, 다진 땅콩 2큰술, 병아리콩장아찌 2큰술, 검은깨 1작은술, 참기름 1큰술, 깨소금 1큰술

만드는 법

1 두부는 면포에 싸서 누름돌로 눌러 물기를 꼭 짠 뒤 으깬다.
2 새우와 조갯살장아찌는 굵게 다진다.
3 준비된 재료를 모두 섞어 쌈장을 만든다.

장아찌샐러드

모듬장아찌샐러드

해초장아찌샐러드

해초장아찌샐러드

재료 해초장아찌(꼬시래기, 해파리, 톳) 100g, 양파피클 1/4개, 파프리카피클(색깔별로) 약간, 삼채 장아찌 약간, 어린잎 채소 50g

드레싱 피클 시럽·올리브오일 각 1/4컵, 레몬즙·설탕 각 1큰술, 소금 약간

만드는 법
1 해초장아찌, 파프리카피클은 건더기만 건져서 채로 썬다.
2 어린잎 채소는 씻어서 찬물에 담갔다가 면포에서 물기를 거둔다.
3 드레싱 재료를 섞어 드레싱을 만든다.
4 접시에 준비한 해초·양파·파프리카·삼채장아찌와 채소를 담고 드레싱을 곁들여 낸다.

모듬장아찌샐러드

재료 양배추피클·청포도피클 200g, 사과 1/2개, 병아리콩피클 1큰술, 양상추 약간

드레싱 청포도피클 시럽 1/4컵, 올리브오일 2큰술, 꿀 1큰술, 소금 약간

만드는 법
1 양배추피클, 청포도피클은 건더기만 건져 놓는다.
2 양배추피클은 채 썰고, 사과는 씻어서 껍질째로 채 썬다.
3 양상추는 찬물에 담갔다가 면포에서 물기를 거두고 한입 크기로 뜯는다.
4 드레싱 재료를 섞어 드레싱을 만든다.
5 접시에 ②와 ③, 병아리콩피클을 가볍게 섞어 담은 뒤 드레싱을 끼얹는다.

장아찌김밥

삼색무장아찌김밥

장아찌초꼬마김밥

삼색무장아찌김밥

재료 밥 1공기, 검은깨 1작은술, 참치 1캔(마요네즈 1큰술, 다진 청양고추 1작은술), 풋마늘장아찌 · 삼색무장아찌 · 김 · 깻잎 각 적당량씩

만드는 법

1 밥에 검은깨를 고루 섞어 깨밥을 만든다.
2 참치 기름을 뺀 뒤, 마요네즈, 청양고추를 넣고 버무려 깻잎에 올리고 돌돌 만다.
3 풋마늘장아찌 건더기를 건져 두고, 무장아찌는 세로로 길게 자른다.
4 김발에 김을 올리고 ①의 밥을 골고루 편 뒤, ②의 참치깻잎, 무장아찌, 풋마늘장아찌를 가지런히 놓고 만다.

Tip 김밥에 단무지 대신 장아찌를 넣어도 잘 어울린다. 장아찌의 짠맛이 강할 때는 물에 헹구거나 잠깐 담가 놓아 염분을 낮춘 뒤 물기를 닦고 참기름과 깨소금으로 무쳐서 넣는다.

장아찌초꼬마김밥

재료 밥 1공기, 참기름 1큰술, 장아찌(마늘종, 두릅, 방풍, 칡순, 북어), 맛살 · 김밥용김 적당량
무침 참기름 1/2큰술, 깨소금 1큰술

만드는 법

1 따뜻한 밥에 참기름을 넣고 골고루 섞는다.
2 북어장아찌를 제외한 장아찌의 장물을 짠 뒤 참기름과 깨소금을 넣어 무친다.
3 북어장아찌는 고추장을 훑어 내고 길게 찢어 둔다.
4 맛살은 적당한 굵기로 세로로 길게 나눈다.
5 김을 4등분한다.
6 김에 밥을 올리고 골고루 편 뒤 준비된 장아찌를 하나씩 올리고 맛살도 가지런히 함께 놓고 만다. 속 재료에 따라 김밥의 맛이 다양해진다.

장아찌비빔밥

채소장아찌비빔밥

장아찌명게비빔밥

장아찌멍게비빔밥

재료 멍게 2마리, 밥 2공기, 장아찌(취나물, 돼지감자, 더덕, 무) 적당량, 미나리 10줄기, 설탕 약간
양념고추장 고추장 3큰술, 식초·깨소금·설탕·다진 파 각 1큰술, 참기름·간장 각 1작은술

만드는 법
1 멍게는 싱싱한 것으로 구입하여 양끝을 자르고, 한쪽 면을 잘라서 살을 발라낸 후 체에 밭쳐 물기를 빼고 먹기 좋은 크기로 썬다.
2 고추장양념장 재료를 잘 섞어 놓는다.
3 장아찌가 짜면 찬물에 한 번 헹구어 물기를 짜고 채 썬다. 짜지 않다면 장물만 꼭 짜고 채 썰어 참기름과 약간의 설탕을 넣고 조물조물 무친다.
4 그릇에 밥을 담고 그 위에 손질해 놓은 멍게와 장아찌 종류를 보기 좋게 올린다.
5 양념고추장을 곁들여 낸다.

채소장아찌비빔밥

재료 밥 2공기, 쇠고기 100g, 장아찌(신선초·깻잎순, 양파, 콩나물) 적당량, 열무김치 약간
쇠고기양념장 간장 1큰술, 파 4g, 깨소금 1/2작은술, 후춧가루 1/8작은술, 참기름 1작은술
양념간장 전복장아찌 장물·다진 파·깨소금·물 각 2큰술, 다진 마늘 1/2큰술, 고춧가루 1작은술, 참기름 1큰술

만드는 법
1 신선초·깻잎순장아찌의 염도가 높으면 물에 헹구거나 잠깐 담갔다가 물기를 꼭 짜고 참기름에 무친다.
2 쇠고기를 채 썰어 양념장에 밑간하여 센 불에서 볶는다.
3 열무김치는 건더기만 건져서 4~5cm 길이로 자른다.
4 그릇에 밥을 담고 그 위에 손질해 놓은 장아찌와 열무김치, 볶은 쇠고기를 올린다.
5 양념장의 재료를 섞어 양념간장을 만들어 곁들인다.

장아찌전

감태오갈피전

방풍두릅장아찌전

방풍두릅장아찌전

재료 방풍장아찌 50g, 두릅장아찌 50g, 홍고추 1개, 쪽파 30g, 부침가루 1/2컵, 밀가루 1/2컵, 물 2/3컵 **초간장** 진간장 1큰술, 물 1큰술, 설탕 1작은술, 식초 2작은술

만드는 법

1 방풍과 두릅장아찌는 찬물에 한 번 헹구어 짠맛을 줄이고 면포에 눌러 물기를 뺀다.
2 두릅의 머리 부분은 세로로 이등분하여 펼치듯 벌려서 참기름, 깨소금으로 조물조물 무친다. 방풍도 같은 방법으로 양념한다.
3 홍고추는 꼭지 부분을 둥글게 통썰기 한다.
4 부침가루와 밀가루를 섞어 멍울 없이 반죽을 만든다.
5 두릅을 하나씩 밀가루 반죽에 묻혀 프라이팬에서 지진다.
6 방풍은 밀가루 반죽에 묻혀 지지면서 위에 ③의 홍고추로 장식한다.
7 먹기 좋은 크기로 썰어 초간장을 곁들인다.

Tip 장아찌에는 간이 충분히 되어 있으므로 장아찌전을 부칠 때는 반죽에 따로 간을 하지 않는다.

감태오갈피전

재료 감태·오갈피장아찌 100g, 조갯살 100g, 고추장아찌 2개, 밀가루 1/2컵, 물 2/3컵, 달걀 1개 **조갯살 밑간** 참기름 1작은술, 다진 마늘 1/2작은술, 후추 약간

만드는 법

1 감태·오갈피장아찌의 장물을 꼭 짜고 굵게 썰어서 참기름을 넣고 무친다.
2 조갯살은 소금물에 흔들어 씻어 물기를 뺀 뒤 굵게 다져 밑간한다.
3 고추장아찌는 한 번 헹구어 다진다.
4 마른 밀가루와 ①, ②, ③의 장아찌를 버무린다.
5 물을 넣고 푼 달걀을 ④에 저으면서 넣고 반죽의 농도를 걸쭉하게 맞춘다.
6 달군 프라이팬에 기름을 두른 후, 반죽을 한 숟가락씩 떠 넣으면서 노릇하게 부쳐 낸다.

Tip 장아찌는 짠맛이 특징이기 때문에 한두 번 헹구거나 찬물에 담가서 원하는 염도로 맞춘다. 부침가루에는 기본적으로 간이 되어 있다는 것도 염두에 둔다.

장아찌두부찜 | 청경채요구르트겉절이

장아찌두부찜

재료 두부 1모, 병아리콩피클 2큰술, 마늘종장아찌 3줄기, 돼지감자장아찌 1개, 연근장아찌 3조각, 당근 1cm, 녹말가루 1큰술, 소금 1/4작은술

만드는 법

1 두부는 소금을 뿌리고 면포에 싸서 10분쯤 두었다가 꼭 짜서 물기를 뺀다.
2 당근과 장아찌(마늘종, 돼지감자, 연근)는 굵게 다져서 면포에 물기를 꼭 짠다.
3 병아리콩피클은 대충 으깬다.
4 꼭 짠 두부에 준비된 재료를 섞어 면포를 깔고 대나무찜기에 눌러 담는다.
5 김 오른 찜기에 10분 정도 찌고 식힌다.
6 잘라서 그릇에 담고 초간장을 곁들여 낸다.

청경채요구르트겉절이

재료 청경채 300g, 당근 1/3개, 요구르트 100g, 천일염 1작은술, 마늘 1쪽, 쪽파 1대 **겉절이양념** 고춧가루 1.5큰술, 다진 마늘 · 깨소금 · 참기름 · 액젓 각 1큰술, 물엿 1큰술

만드는 법

1 청경채는 식초를 1~2방울 떨어뜨린 물에 살짝 담갔다가 잎을 벌려 흐르는 물에 헹구고 체에 밭쳐 물기를 없앤 뒤 밑동을 잘라 내고 굵은 잎은 낱낱이 떼어 낸다.
2 당근은 1×4cm 크기로 썬다.
3 요구르트와 천일염을 섞어서 청경채와 당근을 30분 정도 절였다가 건진다.
4 절여진 청경채와 당근을 헹구어 물기를 뺀다.
5 볼에 분량의 겉절이양념 재료를 넣고 고루 섞는다.
6 물기 뺀 청경채와 당근을 넣고 ⑤의 양념으로 살살 버무린다.
7 그릇에 겉절이를 담고 통깨를 뿌린다.

Tip 채소는 어떤 것이든 소금이나 간장 절임 대신 요구르트를 이용하여 절이면 된다. 물에 씻어 사용하지 않을 때는 따로 간을 할 필요가 없다. 씻은 것은 연한 밑간이 되어 있는 상태이므로 일반적인 겉절이보다 간을 적게 해야 한다.

장아찌쌈밥

새우두부된장 & 깻잎쌈밥

새우두부된장 두부 1/4모, 새우·조갯살장아찌 4큰술, 병아리콩피클 2큰술, 된장 4큰술, 다진 땅콩 2큰술, 검은깨 1작은술, 참기름·깨소금 각 1큰술

깻잎쌈밥 밥 2공기, 검은깨 1큰술, 참기름 1/2큰술, 깻잎 100g

만드는 법
1 두부는 면포에 싸서 누름돌로 눌러 물기를 꼭 짠 뒤 으깬다.
2 새우장아찌와 조갯살장아찌, 병아리콩피클은 굵게 다진다.
3 ①과 ②를 섞어 쌈장을 만든다.
4 밥을 따뜻한 상태로 볼에 담아 검은깨와 참기름을 넣고 골고루 섞은 뒤 한입 크기로 동그랗게 뭉쳐 놓는다.
5 깻잎은 소금을 넣은 끓는 물에 집어넣는 즉시 꺼내서 찬물에 헹군 뒤 면포로 물기를 없앤다.
6 ⑤의 깻잎에 ④의 밥을 싼 뒤 쌈장을 곁들여 낸다.

북어매실고추장쌈장 & 머위쌈밥

북어매실고추장 북어장아찌 200g, 매실절임 2큰술 **양념** 고추장 3큰술, 쪽파 1줄기(다진 것), 다진 마늘·꿀·매실절임액 각 1큰술, 깨소금 1/2큰술, 참기름 1작은술

머위쌈밥 머윗잎장아찌 12~16장, 참기름 1큰술, 밥 2공기

만드는 법
1 북어장아찌는 고추장이 묻은 채로 2cm 크기로 자르고, 매실절임은 굵게 다진다.
2 ①과 양념 재료를 한데 넣고 잘 섞어 쌈장을 만들어 놓는다.
3 머윗잎장아찌를 찬물에 헹구어 물기를 꼭 짠 뒤 참기름으로 무친다.
4 밥을 한입 크기로 뭉쳐 머윗잎에 올리고 2/3정도만 감싼 뒤 쌈장을 넣고 마저 싼다.

전복레몬간장 & 곰피장아찌쌈밥

전복레몬간장 전복장(전복살) 1~2개, 전복 간장(전복장 국물) 3큰술, 레몬 1/5개, 마늘종장아찌 약간, 풋고추장아찌 1개, 쪽파 1줄기, 깨소금 1/2큰술

곰피장아찌쌈밥 곰피장아찌 16cm, 밥 2공기, 참기름 1큰술, 깨소금 1큰술

만드는 법

1 레몬을 소금으로 문질러 씻은 뒤 얇게 저며 전복 간장에 20분 정도 담가 둔다.
2 전복살을 굵게 다지고, 마늘종장아찌와 풋고추장아찌, 쪽파는 송송 썬다.
3 준비된 재료를 한데 섞어 전복레몬간장을 만든다.
4 곰피장아찌는 찬물에 헹구어 키친타월로 눌러 물기를 닦아 낸 뒤 4×10cm 크기로 썰어 참기름을 넣고 무친다.
5 따뜻한 밥에 참기름과 다진 깨를 넣고 밥을 한입 크기의 타원형으로 뭉친다.
6 곰피장아찌에 ⑤의 밥을 돌돌 말아서 싸고, 전복레몬간장과 함께 낸다.

장아찌간장 & 양배추쌈밥

장아찌간장 새우장아찌 50g, 조갯살장아찌 100g, 새우장아찌 국물(새우간장) 5큰술, 청양고추 2개, 쪽파 2줄기, 고춧가루·다진 마늘·참기름 각 1작은술, 깨소금 1/2큰술

양배추쌈밥 양배추 잎 5~10장, 칡순장아찌 10줄기, 밥 2공기, 참기름 1큰술, 깨소금 1큰술

만드는 법

1 새우장아찌와 조갯살장아찌는 굵게 다지고, 청양고추와 쪽파는 쫑쫑 썬다.
2 볼에 분량의 장아찌간장 재료를 모두 넣고 잘 섞는다.
3 양배추 잎은 김이 오른 찜기에 5분 정도 찐다.
4 칡순장아찌 건더기를 건져 둔다.
5 따뜻한 밥에 참기름과 깨소금을 넣어 골고루 섞은 뒤 한입 크기의 타원형으로 뭉친다.
6 양배추는 폭 4cm, 길이 10cm 크기로 썰어 밥을 놓고 돌돌 만 뒤에 칡순으로 둘러 묶는다.
7 ⑥에 장아찌간장을 곁들여 낸다.